国学经典

徐文明 注译

六祖坛经

中州古籍出版社
·郑州·

图书在版编目(CIP)数据

六祖坛经 / 徐文明注译 .—郑州：中州古籍出版社，2007.1（2022.1重印）

（国学经典）

ISBN 978-7-5348-2843-0

I.①六… Ⅱ.①徐… Ⅲ.①禅宗-佛经-中国-唐代 ②六祖坛经-注释 ③六祖坛经-译文 Ⅳ.① B946.5

中国版本图书馆 CIP 数据核字（2007）第 181328 号

LIUZU TAN JING

六祖坛经

责任编辑	刘　晓
责任校对	温向苏
装帧设计	张　胜
美术编辑	曾晶晶

出 版 社	中州古籍出版社（地址：郑州市郑东新区祥盛街27号6层 邮编：450016　电话：0371-65723280）
发行单位	河南省新华书店发行集团有限公司
承印单位	河南省四合印务有限公司
开　　本	640 mm×960 mm　1/16
印　　张	11.5
字　　数	94 千字
印　　数	84 001—95 000 册
版　　次	2007 年 1 月第 2 版
印　　次	2022 年 1 月第 18 次印刷
定　　价	12.00 元

本书如有印装质量问题，请与出版社调换。

前 言

六祖惠能（又作慧能）是中国佛教史乃至中国文化史上的一个传奇人物。作为一个年轻的白衣居士，他却被五祖弘忍破例授予衣钵，成为中国禅宗第六代祖师；作为一个出身贫苦、无力上学的白丁，他却创造出了一个融合了中印文化优点的思想体系，成为中国佛教史和思想史上最具创造力的大师；他打破了当时对西方的盲目崇拜和迷信，树立了中国人的自信和中国佛教的权威，将其著作破例称为"经"，从而获得与佛同等的地位，成为中国佛教著作中的"惟一"；他不受生死的约束，不管徒众久住世间的请求，毅然示现涅槃，却又令真身常存至今，成为一个人类历史上的奇迹。

六祖身上凝结了人性的粹美，展现了人格的魅力，他不仅是中国佛教的代表，更是中华民族的骄傲，其思想已经影响了中国和周边地区一千多年，必然还会不断地流传下去。对于六祖的评价，早已形成共识，不须笔者再多说了。然而需要补充的是，六祖惠能还是一个出色的民间诗人和口头文学家，达到了出口成章、"文质彬彬"的程度，不知这是由于天性使然，还是南方"獦獠"爱好歌咏的风气的熏陶，亦或佛教大智慧的体现，无论如何，这同样是令人称奇的。在《坛经》中，六祖不仅留下了十几首偈颂，还在其说法过程中暗含了不少随口道出的篇什、韵文，文质相应，言简理当，虽然不讲究语言的华丽，却都是易记易诵、朗朗上口的好诗。

六祖研究一向是禅宗研究的热点，近来更有上升之势，而普及六祖思想，宣传六祖事迹，也同样受到了学术界和佛教界的重视。《坛经》是六祖留下的最为重要的思想资料，作为一个平民思想家，六祖当时说法基本上用的是口语或者说是白话，虽然个别文字可能经过其弟子的整理加工，但基本上保持了其平实而又灵活的原貌，只是由于历史的变迁，原来的白话和通俗讲说今人理解起来也有了障碍和困难，因而需要加以解说，白话翻译也同样是必要的。

《坛经》白话译本至今已经有了好几种，但多数译本都是以宗宝本为主，这次译注以曹溪原本为本，其内容与宗宝本大同小异，但还是有自己的特色和价值的，这也算是再译的必要性的一个依据吧。这次注释务求简明，原则上对于一些大众熟知的佛教术语和经文中本身已作解释的问题不再注出，因为其目的只是帮助初学者理解经义。在注释中主要参考了台湾东方佛学院第二届学员所编著的《六祖坛经注释》和魏道儒先生的《白话坛经》（三秦出版社，1992年9月版），大部分注释并无新意，只是个别地方有独特的理解，细心的读者可以自己对照。

本书的翻译同样强调简明，在笔者看来，大部分文字都用不着翻译，因为原文已经非常明白，而且已经是白话了，不客气地说，再译成白话可能只是增加废话而已，但为了照顾能够原谅译者的废话的读者，我也只好全文译下来。

还需要说明的是，由于本书面对的读者对象为初学佛教者，因而对原文没有专门再作校勘，对于原文中的个别文字错误直接作了修改，不再单独解释，希望读者谅解。

佛性本源，人人具足，此一部经，每人心中本来就有，不由外铄，因而万法不离自性，识得自心本性，何须翻书？读者识得自心中经，明了自性是佛，才是根本。如果不能自了，可略看《坛经》原文，经文分明，依此自可超凡入圣。如果于原文有所不明，可再看注释。万不得已，实在弄不明白时可以看一下译文。译文本身没有太大的价值，最多只能帮助读者理解表面上的文义，至于六祖开示的第一义谛、根本大法，也只有靠各人自己的悟性和修行功夫了。

目 录

悟法传衣第一 1
释功德净土第二 30
定慧一体第三 37
教授坐禅第四 42
传香忏悔第五 44
参请机缘第六 54
南顿北渐第七 77
唐朝征诏第八 87
法门对示第九 91
付嘱流通第十 96

附录 109
  六祖大师法宝坛经略序 _____ 法海 109
  附录 _____ 令韬 111
  《宋高僧传·慧能传》 _____ 112
  《六祖坛经》的理论创新与禅宗思想本土化 ___ 115
  六祖惠能的和谐思想 _____ 122

《坛经》诸版本考释与六祖思想新论 ———————— 132

后记 ———————————————————————— 169
再版后记 ———————————————————— 171

悟法传衣第一

时大师至宝林①。韶州②韦刺史名璩③，与官僚入山。请师于大梵寺④讲堂为众开缘说摩诃般若波罗蜜法。师升座次，刺史官僚三十余人，儒宗学士三十余人，僧尼道俗⑤一千余人，同时作礼，愿闻法要。大师告曰："善知识⑥，总净心，念摩诃般若波罗蜜。"大师良久，复告众曰："善知识，菩提自性，本来清净，但用此心，直了成佛。善知识，且听惠能行由得法事意：

"能严父，本贯范阳⑦，左降流于岭南，作新州⑧百姓。此身不幸，父又早亡，老母孤遗⑨，移来南海⑩，艰辛贫乏，于市卖柴。时有一客买柴，使令送至客店。客收去。能得钱，却出门外，见一客诵经。能一闻经云'应无所住而生其心'，心即开悟。遂问客诵何经。客曰：'《金刚经》。'复问从何所来持此经典。客云：'我从蕲州黄梅县东禅寺⑪来。其寺是五祖忍大师在彼主化⑫，门人一千有余。我到彼中礼拜，听受此经。大师常劝僧俗，但持《金刚经》，即自见性，直了成佛。'能闻说，宿昔有缘，乃蒙一客取银十两与能，令充老母衣粮，教便往黄梅，礼拜五祖。能安置母毕，即便辞亲，不经三十余日，便至黄梅，礼拜五祖。

"五祖问能曰：'汝何方人，欲求何物？'能对曰：'弟子是岭南新州百姓，远来礼师，惟求作佛，不求余物。'祖言：'汝是岭南人，又是獦獠⑬，若为堪作佛？'能曰：'人虽有南北，佛性本无南北。獦獠身与和尚不同，佛性有何差别？'祖更欲与语，且见徒众总在左右，乃令随众作务⑭。予曰：'惠能启和尚，弟子自心，常生智慧。不离自性，即是福田⑮。未审和尚教作何务？'祖云：'这獦獠根性大利！汝更勿言，著槽厂⑯去。'

"能退至后院，有一行者⑰，差能破柴踏碓，经八余月。祖一日见能曰：'吾思汝之见可用，恐有恶人害汝，遂不与汝言。知之否？'能曰：'弟子亦知师意，不敢行至堂前，令人不觉。'

"祖一日唤诸门人总来：'吾向汝说，世人生死事大，汝等终日只求福田，不求出离生死苦海。自性若迷，福何可救。汝等各去，自看智慧，取自本心般若之性，各作一偈，来呈吾看。若悟大意，付汝衣法，为第六代祖。火急速去，不得迟滞，思量即不中用。见性之人，言下须见。若如此者，轮刀上阵⑱，亦得见之。'

"众得处分⑲，退而递相谓曰：'我等众人，不须澄心用意作偈，将呈和尚，有何所益？神秀上座，现为教授师⑳，必是他得。我辈谩作偈颂，枉用心力。'诸人闻语，总皆息心。咸言我等已后依止秀师，何烦作偈。神秀思惟：'诸人不呈偈者，为我与他为教授师，我须作偈，将呈和尚。若不呈偈，和尚如何知我心中见解深浅。我呈偈意，求法即善，觅祖即恶，却同凡心夺其圣位奚别？若不呈偈，终不得法，大难大难。'

"五祖堂前有步廊三间，拟请供奉㉑卢珍，画《楞伽经》变相㉒及五祖血脉图㉓，流传供养。神秀作偈成已，数度欲呈，行至堂前，心中恍惚。遍体汗流，拟呈不得。前后经四日、一十三度，呈偈不得。秀乃思惟：'不如向廊下书著，从他和尚看见。

忽若道好，即出礼拜，云是秀作。若道不堪，枉向山中数年，受人礼拜，更修何道？'是夜三更，不使人知，自执灯书偈于南廊壁间，呈心所见。偈曰：

　　身是菩提树，心如明镜台。
　　时时勤拂拭，勿使惹尘埃。

"秀书偈了，便却归房，人总不知。秀复思惟：'五祖明日见偈欢喜，即我与法有缘。若言不堪，自是我迷，宿业障重，不合得法。圣意难测。'房中思想，坐卧不安，直至五更。

"祖已知神秀入门未得，不见自性。天明，祖唤卢供奉来，向南廊壁间，绘画图相。忽见其偈，报言：'供奉，却不用画，劳尔远来。经云：凡所有相，皆是虚妄。但留此偈，与人诵持。依此偈修，免堕恶道；依此偈修，有大利益。'令门人炷香礼敬，尽诵此偈，即得见性。门人诵偈，皆叹善哉。

"祖三更唤秀入堂，问曰：'偈是汝作否？'秀言：'实是秀作。不敢妄求祖位。望和尚慈悲，看弟子有少智慧否？'祖曰：'汝作此偈，未见本性，只到门外，未入门内。如此见解，觅无上菩提，了不可得。无上菩提，须得言下识自本心，见自本性，不生不灭，于一切时中，念念自见，万法无滞。一真一切真，万境自如如。如如之心，即是真实。若如是见，即是无上菩提之自性也。汝且去，一两日思惟，更作一偈，将来吾看。汝偈若入得门，付汝衣法。'

"神秀作礼而出。又经数日，作偈不成。心中恍惚，神思不安，犹如梦中，行坐不乐。

"复两日，有一童子于碓房过，唱诵其偈。能一闻，便知此偈未见本性。虽未蒙教授，早识大意。遂问童子曰：'诵者何偈？'童子言：'尔这獦獠不知，大师言世人生死事大，欲得传付衣法，令门人作偈来看。若悟大意，即付衣法，为第六祖。神秀上座于南廊壁上书无相偈，大师令人皆诵此偈，依此偈修，免堕恶道。'能曰：'我亦要诵此，结来生缘，同生佛地。上人㉔，我此踏碓八个余月，未曾行到堂前。望上人引至偈前礼拜。'

"童子引至偈前作礼。能曰：'能不识字，请上人为读。'时有江州别驾㉕，姓张名日用，便高声读。能闻已，因自言亦有一偈，望别驾为书。别驾言：'獦獠，汝亦作偈，其事希有。'能启别驾言：'欲学无上菩提，不得轻于初学。下下人有上上智，上上人有没意智㉖。若轻人，即有无量无边罪。'别驾言：'汝但诵偈，吾为汝书。汝若得法，先须度吾。勿忘此言。'

"能偈曰：

菩提本无树，明镜亦非台。

本来无一物，何处惹尘埃！

"书此偈已，徒众总惊，无不嗟讶。各相谓言：'奇哉，不得以貌取人。何得多时使他肉身菩萨㉗！'祖见众人惊怪，恐人损害，遂将鞋擦了偈云：'亦未见性。'众人疑息。

"次日，祖潜至碓坊，见能腰石舂米。语曰：'求道之人，为法忘躯，当如是乎！'即问曰：'米熟也未？'能曰：'米熟久矣，犹欠筛在。'祖以杖击碓三下而去。能即会祖意。三鼓入室。祖以袈裟遮围，不令人见，为说《金刚经》。至'应无所住而生其心'，能言下大悟：一切万法不离自性。遂启祖言：'何期自性本自清净，何期自性本不生灭，何期自性本自具足，何期自性本无动摇，何期自性能生万法。'祖知悟本性，谓慧能曰：'不识本心，学法无益，若识自本心，见自本性，即名丈夫、天人师㉘、佛。三更受法，人尽不知。便传顿教及衣云：'汝为第六代祖，善自护念，广度有情，流布将来，无令断绝。听吾偈曰：

> 有情来下种，因地果还生。
> 无情既无种，无性亦无生。'

"祖复曰：'昔达磨大师初来此土，人未之信，故传此衣以为信体，代代相承。法则以心传心，皆令自悟自解。自古佛佛惟传本体，师师密付本心。衣为争端，止汝勿传。若传此衣，命如悬丝。汝须速去，恐人害汝。'能曰：'向甚处去？'祖云：'逢怀则止，遇会则藏[29]。'惠能三更领得衣钵，云：'能本是南中人，久不知此山路，如何出得江口？'五祖言：'汝不须忧，吾自送汝。'

"祖相送，直至九江。驿边有一只船子。祖令惠能上船，五祖把橹自摇。惠能言：'请和尚坐，弟子合摇橹。'五祖云：'合是吾渡汝。'能云：'迷时师度，悟了自度。度名虽一，用处不同。惠能生在边方，语音不正，蒙师付法，今已得悟，只合自性自度。'祖云：'如是如是。以后佛法，由汝大行。汝去三年，吾方逝世[30]。汝今好去，努力向南。不宜速说，佛法难起。'

"能辞违祖已，发足南行。两月中间，至大庾岭[31]。五祖归，数日不上堂。众疑，请问曰：'和尚少病少恼否？'曰：'病即无，衣法已南矣。'问：'谁人传授？'曰：'能者得之。'众乃知焉[32]。逐后数百人来，欲夺衣钵。一僧俗姓陈，名惠明，先是四品将军，性行粗慥，极意参寻[33]。为众人先，趁及于能。能掷下衣钵于石上，云：'此衣表信，可力争耶？'能隐于草莽中，惠明至，提掇[34]不动。乃唤云：'行者，行者，我为法来，不为衣来。'能遂出，坐盘石上。惠明作礼，云：'望行者为我说法。'能云：'汝既为法而来，可屏息诸缘，勿生一念。吾为汝说。'良久，谓明曰：'不思善，不思恶，正与么[35]时，那个是明上座本来面目？'惠明言下大悟。复问云：'上来密语密意外，还更有密意否？'能云：'与汝说者，即非密也。汝若返照，密在汝边。'明曰：'惠明虽在黄梅，实未省自己面目。今蒙指示，如人饮水，冷暖自知，今行者即惠明师也。'能曰：'汝若如是，吾与汝同师黄梅，善自护持。'明又问：'惠明今后向甚处去？'能曰：'逢袁则止，遇蒙则居㊱。'明礼辞。明回至岭下，谓趁众曰：'向陟崔嵬，竟无踪迹。当别道寻之。'趁众咸以为然㊲。（惠明后改道明，避师上字。）

"能后至曹溪㊳，又被恶人寻逐。乃于四会避难猎人队中，凡经一十五载。时与猎人随宜说法。猎人常令守网。每见生命，尽放之。每至饭时，以菜寄煮肉锅。或问，则对曰：'但吃肉边菜。'

"一日思惟，时当弘法，不可终遁。遂出至广州法性寺㊴。值印宗法师㊵讲《涅槃经》。时有风吹幡动，一僧云：'风动。'一僧云：'幡动。'议论不已。能进曰：'不是风动，不是幡动，仁者㊶心动。'一众骇然。印宗延至上席，征诘奥义。见能言简理当，不由文字。宗云：'行者定非常人。久闻黄梅衣法南来，莫是行者否？'能曰：'不敢。'宗于是执弟子礼，告请传来衣钵，出示大众。宗复问曰：'黄梅付嘱，如何指授？'能曰：'指授即无，惟论见性，不论禅定解脱。'宗曰：'何不论禅定解脱？'谓曰：'为是二法，不是佛法。佛法是不二之法。'宗又问：'如何是佛法不二之法？'能曰：'法师讲《涅槃经》，经明见佛性是佛法不二之法。如《涅槃经》高贵德王菩萨白佛言：犯四重禁㊷，作五逆罪㊸，及一阐提㊹等，当断善根佛性否？佛言：善根有二，一者常，二者无常。佛性非常非无常，是故不断，名为不二。一者善，二者不善。佛性非善非不善，是名不二。蕴之与界，凡夫见二，智者了达，其性无二。无二之性，即是佛性。'印宗闻说，欢喜合掌言：'某甲㊺讲经，犹如瓦砾。仁者论义，犹如真金。'于是为能剃发，愿事为师。能遂于菩提树下开东山法门㊻。

"能于东山得法，辛苦受尽，命似悬丝。今日得与史君㊼官僚、僧尼道俗同此一会，莫非累劫之因，亦是过去生中，供养诸佛，同种善根，方始得闻如上顿教得法之因。教是先圣所传，不是惠能自智。愿闻先圣教者，各令净心。闻了各自除疑，如先世圣人无别。"

师复告众曰："善知识，菩提般若之智，世人本自有之。只缘心迷，不能自悟。须假大善知识，示导见性。当知愚人智人，佛性本无差别。只缘迷悟不同，所以有愚有智。吾今为说摩诃般若波罗蜜法，使汝等各得智慧。志心㊽谛听，吾为汝说。

"善知识，世人终日口念般若，不识自性般若。犹如说食不饱，口但说空，万劫不得见性，终无有益。

"善知识，摩诃般若波罗蜜是梵语，此言大智慧到彼岸。此须心行，不在口念。口念心不行，如幻如化，如露如电。口念心行，则心口相应㊾。本性是佛，离性无别佛。何名摩诃？摩诃是大。心量广大，犹如虚空，无有边畔，亦无方圆大小，亦非青黄赤白，亦无上下长短，亦无瞋无喜，无是无非，无善无恶，无有头尾。诸佛刹土㊿，尽同虚空。世人妙性本空，无有一法可得。自性真空，亦复如是。

"善知识，莫闻吾说空，便即著空。第一莫著空。若空心静坐，即著无记空㉛。善知识，世界虚空，能含万物色像。日月星宿，山河大地，泉源溪涧，草木丛林，恶人善人，恶法善法，天堂地狱，一切大海，须弥诸山㉜，总在空中。世人性空，亦复如是。

"善知识，自性能含万法是大。万法在诸人性中。若见一切人，恶之与善，尽皆不取不舍，亦不染著，心如虚空，名之为大，故曰摩诃。善知识，迷人口说，智者心行。又有迷人，空心静坐，百无所思，自称为大。此一辈人，不可与语，为邪见故。

"善知识，心量广大，遍周法界。用即了了分明，应用便知一切。一切即一，一即一切，去来自由，心体无滞，即是般若。善知识，一切般若智，皆从自性而生，不从外入，莫错用意，名为真性自用。一真一切真。心量大事，不行小道。口莫终日说空，心中不修此行。恰似凡人，自称国王，终不可得，非吾弟子。

"善知识，何名般若？般若者，唐言智慧也。一切处所，一切时中，念念不愚，常行智慧，即是般若行。一念愚，即般若绝；一念智，即般若生。世人愚迷，不见般若。口说般若，心中常愚。当自言我修般若，念念说空，不识真空。

　　般若无形相，智慧心即是。
　　若作如是解，即名般若智。
　　何名波罗蜜？此（是）西国语，唐言到彼岸。
　　解义离生灭，著境生灭起。
　　如水有波浪，即名为此岸。
　　离境无生灭，如水常通流，
　　即名为彼岸，故号波罗蜜。

"善知识，迷人口念，当念之时，有妄有非。念念若行，是名真性。悟此法者，是般若法；修此行者，是般若行。不修即凡，一念修行，自身等佛。善知识，凡夫即佛，烦恼即菩提。前念迷即凡夫，后念悟即佛。前念著境，即烦恼；后念离境，即菩提。

“善知识，摩诃般若波罗蜜，最尊最上最第一，无住无往亦无来，三世诸佛从中出。当用大智慧，打破五蕴烦恼尘劳[53]。如此修行，定成佛道，变三毒为戒定慧。

“善知识，我此法门，从一般若生八万四千智慧。何以故，为世人有八万四千尘劳。若无尘劳，智慧常现，不离自性。悟此法者，即是无念无忆无著，不起诳妄，用自真如性，以智慧观照，于一切法，不取不舍，即是见性成佛道。

“善知识，若欲入甚深法界[54]及般若三昧者，须修般若行，持诵《金刚般若经》，即得见性。当知此经功德，无量无边，经中分明赞叹，莫能具说。此法门是最上乘，为大智人说，为上根人说。小根小智人闻，心生不信。譬如天龙，下雨于阎浮提[55]，城邑聚落，悉皆漂流，如漂枣叶。若雨大海，不增不减。若大乘人，若最上乘人，闻说《金刚经》，心开悟解。故知本性自有般若之智，自用智慧常观照故，不假文字。譬如雨水，不从天有，元是龙能兴致。令一切众生，一切草木，有情无情，悉皆蒙润，百川众流，却入大海，合为一体。众生本性般若之智，亦复如是。

“善知识，小根之人，闻此顿教，犹如草木根性小者，若被大雨，悉皆自倒，不能增长。小根之人，亦复如是。元有般若之智，与大智人，更无差别，因何闻法，不自开悟？缘邪见障重，烦恼根深。犹如大云，覆盖于日，不得风吹，日光不现。般若之智，亦无大小。为一切众生自心迷悟不同，迷心外见，修行觅佛，未悟自性，即是小根。若闻悟顿教，不执外修，但于自心，常起正见，烦恼尘劳，常不能染，即是见性。善知识，内外不住，去来自由，去除执心，通达无碍，能修此行，与《般若经》本无差别。

“善知识，一切修多罗[56]，及诸文字，大小二乘，十二部经㊺,皆因人置,因智慧性,方能建立。若无世人,一切万法,本自不有。故知万法,本自人兴。一切经书,因人说有。缘其人中有愚有智,愚为小人,智为大人。愚者问于智人,智者与愚人说法,愚人忽然悟解心开,即与智人无别。善知识,不悟,即佛是众生;一念悟时,众生是佛。故知万法尽在自心,何不从自心中,顿见真如本性。《菩萨戒经》云:我本元自性清净㊾。若识自心见性,皆成佛道。《净名经》云:即时豁然,还得本心㊿。

"善知识,我于忍和尚处一闻,言下便悟,顿见真如本性。是以将此教法流行,令学道者顿悟菩提,各自观心,自见本性。若自不悟,须觅大善知识,能发起故。三世诸佛,十二部经,在人性中本自具有,解最上乘法者,直示正路。是善知识,有大因缘,所谓化导,令得见性。一切善法,因善知识,不能自悟,须求善知识指示方见。若自悟者,不假外求。若一向执,谓须要他善知识,望得解脱者,无有是处。何以故,自心内有知识自悟。若起邪迷妄念颠倒,外善知识虽有教授,救不可得。若起正真般若观照,一刹那间,妄念俱灭,若识自性,一悟即至佛地。

"善知识,智慧观照内外明彻,识自本心。若识本心,即本解脱。若得解脱,即是般若三昧。般若三昧即是无念。何名无念,若见一切法,心不染著,是为无念。用即遍一切处,亦不著一切处。但净本心,使六识出六门,于六尘中,无染无杂,来去自由,通用无滞,即是般若三昧,自在解脱,名无念行。若百物不思,当令念绝,即是法缚,即名边见。

"善知识,悟无念法者,万法尽通;悟无念法者,见诸佛境界;悟无念法者,至佛地位。善知识,后代得吾法者,将此顿教法门,于同见同行㊿,发愿受持㊿,如事佛故,终身而不退者,定入圣位。然须传授从上以来默传分付,不得匿其正法。若不同见同行,在别法㉒中,不得传付。损彼前人,究竟无益。恐愚人不解,谤此法门,百劫千生,断佛种性。

"善知识,吾有一无相颂,各须诵取。在家出家,但依此修。若不自修,惟记吾言,亦无有益。听吾颂曰:

说通及心通㉓,如日处虚空。
唯传见性法,出世破邪宗㉔。
法即无顿渐,迷悟有迟疾。
只此见性门,愚人不可悉。
说即虽万般,合理还归一。
烦恼暗宅中,常须生慧日。
邪来烦恼至,正来烦恼除。
邪正俱不用,清净至无余。
菩提本自性,起心即是妄。
净心在妄中,但正无三障㉕。
世人若修道,一切尽不妨。
常自见己过,与道即相当。
色类㉖自有道,各不相妨恼。
离道别觅道,终身不见道。
波波㉗度一生,到头还自懊。
欲得见真道,行正即是道。
自若无道心,暗行不见道。
若真修道人,不见世间过。
若见他人非,自非却是左㉘。
他非我不非,我非自有过。
但自却非心,打除烦恼破。
憎爱不关心,长伸两脚卧。

欲拟化他人，自须有方便。
勿令彼有疑，即是自性现。
佛法在世间，不离世间觉。
离世觅菩提，恰如求兔角。
正见名出世，邪见是世间；
邪正尽打却，菩提性宛然。
此颂是顿教，亦名大法船。
迷闻经累劫，悟则刹那间。"

师复曰："今于大梵寺说此顿教，普愿法界众生，言下见性成佛。"时韦史君与官僚道俗，闻师所说，无不省悟。一时作礼，皆叹："善哉！何期岭南有佛出世！"

[注释]

①宝林：寺名，始建于梁天监元年，唐中宗时敕名中兴寺，神龙中改为广果寺，开元中改为建兴寺，上元中改为国宁寺，宣宗时改名南华寺，宋初太祖开宝元年赐名"南华禅寺"，沿用至今，在今广东省韶关市曲江区马坝镇东南。

②韶州：治地在今广东省韶关市曲江县。

③韦璩：生卒年不详，约在仪凤二年时任韶州刺史，后为六祖四十三嗣法弟子之一。

④大梵寺：在韶州城中，为六祖在韶州最初开法之处，在此所说法要后来成为《坛经》的主要内容。

⑤道俗：出家人与在家人的统称。

⑥善知识：熟知佛法、堪为教授的人。这里及下文中多为六祖对前来听法者的尊称，故不译出。

⑦范阳：在今北京大兴、宛平一带。

⑧新州：在今广东省新兴县。

⑨孤遗：孤儿，遗孤。六祖早年丧父，故称孤遗。

⑩南海：治地在今广东佛山一带，这里泛指南方，与六祖原籍范阳相对应。

⑪东禅寺：在今湖北省黄梅县西南，为五祖弘忍大师说法度人的主要道场。

⑫主化：主持化导度众。

⑬獦獠：当时岭南一带居住的尚未开化的蛮族，亦为对当时岭南百姓的统称，含有轻蔑之意。五祖以"獦獠"称惠能，是为了试探他。

⑭作务：干活。

⑮福田：田地能够生长种子，从而获得回报，修行福德能够获得回报，如同农民下种于田，故称福田。

⑯槽厂：指与厨务饮食相关的处所，包括碓坊、柴房等。

⑰行者：指尚未正式出家而在寺院服务的带发修行者。

⑱轮刀上阵：指不假思索，在刀片飞舞的战场上根本没有时间思考利害得失。

⑲处分：处置，吩咐，安排。

⑳教授师：原指授戒时教授威仪戒规的律师，此处指神秀（606～706）当时为上首弟子，有资格代替五祖教授师弟禅法。

㉑供奉：官名，指由于擅长某种技艺而得以供奉内庭者，后来也成为对有此专长者的尊称。

㉒变相：将经中文字故事以图画的形式表现出来，使之易于流传，称为变相。

㉓五祖血脉图：将菩提达摩、慧可、僧璨、道信、弘忍中土禅宗五代祖师的传承关系图画出来，祖祖相传，血脉相连，故称血脉图。

㉔上人：此处指对出家者的尊称。

㉕江州别驾：江州，治地在今江西省九江市，别驾为官名，为州刺史佐吏。

㉖没意智：当时口语，意为沉没于意中、意想不到的低智能。

㉗肉身菩萨：即以肉身成圣的活菩萨。

㉘丈夫、天人师：丈夫即调御丈夫，佛善于化导众生，故称调御丈夫；

又为人间天上、三界六道一切众生的师表,故称天人师,二者都是佛的十种尊号之一。

㉙逢怀即止,遇会则藏:怀即广西壮族自治区怀集县,会即广东省四会市。这是五祖对惠能未来隐居地的预示。

㉚汝去三年,吾方逝世:此为后人衍入,不合事实,当删。

㉛大庾岭:在今江西省大余县与广东省南雄市的分界处,为交通要冲。

㉜"五祖归"以下至"众乃知焉"数句,他本作小注。

㉝极意参寻:极力参禅悟道,寻究心要。惠明求道心切,故极力追逐六祖,走在众人前面。

㉞提掇:提举。

㉟与么:这么,这样。

㊱逢袁则止,遇蒙则居:袁即江西袁州,蒙即袁州蒙山。这是六祖对惠明将来隐居处的预言。

㊲"明回至岭下"至此,他本皆作小注。

㊳曹溪:因其流经曹侯村而得名,其地为魏武帝曹操后裔(晋时封为曹侯)所居,故名。其源头有三,一出长坪,一出狗儿岭(大宝山),一出木坪,三水至沙溪汇合,成为曹溪。因六祖长期在此说法,又为南宗代称。

㊴法性寺:今名光孝寺,在今广州市内。初名制止寺,唐时为法性、乾明二寺。宋时合为一寺,改今名。

㊵印宗法师:印宗(627~713),俗姓印,吴郡人。初习经论,为涅槃学者,后受业于六祖,为四十三得旨嗣法弟子之一。晚归故乡,立坛度众,又成著名律师。《宋高僧传》卷四有传。

㊶仁者:对人的尊称。

㊷四重禁:淫戒,杀戒,盗戒,大妄语戒,称为四重禁。

㊸五逆罪:一杀父,二杀母,三杀阿罗汉,四破和合僧(破坏僧众团结),五出佛身血(伤害佛身)。

㊹一阐提:梵语音译,意为不具信根、善根断尽的人。

㊺某甲:时人的自称。

㊻东山法门:五祖弘忍大师于东山开法,故其弟子神秀、惠能等都称自

己所传为东山法门。

㊼史君：即使君，对刺史的尊称。

㊽志心：专心。

㊾相应：契合。

㊿刹土：梵语音意合译，即土地、国土。

㉛无记空：不能明确分辨出善恶，对于善恶都不能记别，称为无记。这里的无记空有断灭空的意味，故说不可执著。

㉜须弥诸山：印度传说，须弥山为世界最高峰，其周围有八山，合为九山。

㉝尘劳：外境六尘等外在的事物，能够劳苦内在的心性，称为尘劳。

㉞法界：一指诸法即各种事物各自的分界与自性，二指法性实际，与真如、佛性同义，为最高的实在，也是产生微妙圣法真理的本因，还指整个宇宙。六祖所述法界，多指法性实际和整个世界。

㉟阎浮提：即南赡部洲，为四大部洲之一，是人类所居世界。

㊱修多罗：梵语音译，意为契经，为十二部经之一。

㊲十二部经：佛典的一种分类形式，即将全部佛典分为十二种：契经、应颂、授记、讽颂、自说、因缘、譬喻、如是语、本生、方广、未曾有、议论。亦指全部佛经。

㊳《菩萨戒经》：即《梵网经》中菩萨心地戒品第十，为后秦时鸠摩罗什所译，原有两卷，后人录此品中偈颂所说戒相，别为一卷，智𫖮将此一卷本称为《菩萨戒经》。"我本源自性清净"，原无"我"字，实是六祖依文义加之。

㊴《净名经》：即《维摩诘所说经》的别名，维摩诘菩萨，意为净名，故名。

㊵同见同行：见解与实行都能一致，即志同道合。

㊶受持：接受并牢记在心，奉行不移。

㊷别法：指机缘不相契合，志趣不同，不是同道。

㊸说通及心通：说通，指通达文字句义，并能以此随缘说法。心通，指自心证悟。

㉞邪宗：见地不正的邪迷外道，并不确指哪一派。

㉟三障：烦恼障、业障、报障，称为三障，为修行障碍。

㊱色类：指具有色身的色界众生。

㊲波波：忙碌奔波，不能休止。

㊳左：错误，偏差。

[译文]

仪凤二年（677）春天时，六祖惠能大师回到宝林寺。韶州刺史韦璩与官僚入山，请大师于韶州城中的大梵寺讲堂，为众人开示，宣说摩诃般若波罗蜜法。大师升上高座后，刺史及韶州官员三十多人，儒门学士三十多人，出家僧人、尼师及在家信众共一千多人，一齐向大师礼拜，道是愿意闻听佛法心要。大师告知众人道："诸位善知识，都且净心，默念摩诃般若波罗蜜。"大师静默好久，然后又告诉众人道："诸位善知识，自性本心，本来觉悟，本来清净，只要运用此心，便可直下了悟，悟道成佛。诸位，且听惠能身世及得付大法的故事。

"惠能的父亲，本来籍贯范阳，因为受到贬谪，被流放到岭南，成了新州的一个普通百姓。我很不幸，父亲又早早亡故，老母孤儿，移居到荒凉的南方，因而生活艰辛，家境贫乏，只靠卖柴为生。一天在市场卖柴，有一人买柴，让我送到客店。客户收货后，惠能得到钱，刚出门外，听见一人诵经。惠能一听到'应当无所执著、滞留而生起灵动自在的心'的经文，心便开悟。于是问他诵的什么经。他答道：'《金刚经》。'又问他从哪里来，从哪里得到并诵持这一经典。他道：'我从蕲州黄梅县东禅寺来，禅宗第五祖弘忍大师在那里主持，门人有一千多人。我到那里礼拜，听大师开示经义，并请到此经。大师经常劝导僧俗信众，只要受持悟解《金刚经》，即自见本性，直下了悟成佛。'

"惠能听说之后，由于宿世有缘，便蒙一人，拿来十两银子给我，让我安置老母，充作衣粮费用，教我往黄梅参礼五祖。惠能安置老母之后，即便辞别，不过三十余天，便到黄梅，礼拜五祖。五祖问道：'你是哪里人，来求什么？'惠能答道：'弟子是岭南新州百姓，远来礼拜大师，只求作佛，别无所求。'五祖道：'你是岭南人，又是南蛮子，如何能够作佛？'惠能道：'人虽然有南人北人之分，佛性则本来没有南北，南蛮子身体与和尚不同，佛性有何差别？'五祖本来还想和我说话，但是看到身边徒众太多，有所不便，就让我随众干活作务。惠能道：'惠能启秉和尚：弟子自心常生智慧，不离自性，即是功德福田，不知和尚教我干什么活，以培植福田？'五祖道：'这个南蛮子真是一个大利根，你不要再说了，到槽厂干活去。'

　　惠能退下，来到后院，有一个行者，让惠能负责劈柴和踏碓舂米，干了八个多月。一天，五祖忽然来看惠能，道：'我以为你的见地很好，是可用之才，恐怕有人害你，所以没有和你多说，你知道吗？'惠能道：'弟子也知道老师的心意，所以不敢行到前堂，为的是不让人察觉。'

　　"五祖一日召唤所有门人都来，言道：'我向你们说，世人生死事大，你们终日只求积累功德，培植福田，不求出离生死苦海，如果自性迷惑，即使积累了福德，又如何能够相救？你们各自散去，自看本心智慧，取自本心般若之性，各作一首偈语，呈给我看。若能悟解佛法大义，便传付心法法衣，为第六代祖师。火急速去，不可迟疑，不得有意思量，有意思量则不中用。见性的人，言下就必须明见自身的佛性。如果真是见性的人，即便是在刀片飞舞、快如车轮的战场上，也同样能够见性觉悟。'

　　"众人得到吩咐，退下相互商量说：'我们这些人，用不着澄心用意费力作偈颂，作好将其呈给和尚，有什么用处？神秀为上座，现在又是教授师，必定是他得法。我辈恐怕是瞎作偈颂，白耗心力。'众人听到这番话,便都止息了作偈求法的心思,都说:'我等以后依靠神秀师就行了,哪里用得着作偈。'神秀思想:'诸人都不呈偈,是因为我是他们的教授师。我必须作一偈颂,将之呈给和尚。如果不呈偈颂,和尚怎么会知道我心中见解是深是浅?我呈偈颂,有意求法即是善意,若欲求祖师的位置即是恶念,那样就成了凡心,与那些试图争夺祖师圣位的人有什么差别?若不呈偈,终不能得付大法。真难!真难!'

"五祖堂前,有带走廊的房子三间,准备请画师卢珍画《楞伽经》变相及五代祖师血脉图,永世流传,由人供养。神秀作好偈颂之后,数次想呈给五祖,可一走到方丈堂前,心中就恍惚不安,遍身流汗,无法进呈,前后经有四天、十三次想呈,都未成功。神秀便想:'不如先写到廊下,如果和尚看见,道是很好,我便出来礼拜,道是神秀所作;如果和尚说不好,我算是白在山中修行多年,受人礼拜,还修什么道呢?'这天晚上半夜三更,神秀不让人知道,自己持灯,将偈颂写到南廊壁上,呈上自己心中的见解。偈颂如下:

  身是清净菩提树,心如光洁明镜台。
  时时勤加以拂拭,勿使身心染尘埃。

"神秀写完偈颂之后,便回到房中,没有人知道。神秀又思维:'五祖明天,见到偈颂表示欢喜,则是我与法有缘,如果见到说是不够付法的水平,自然是我自己心尚迷惑,宿世业障深重,不应该得法。祖师圣意难测。'神秀在房中想来想去,坐卧不安,直到五更天明,仍不得眠。

"五祖早已知道神秀还没有入门,不见自性。天明叫卢画师来,向南廊壁上画《楞伽经》变相和祖师血脉图。忽然看见偈颂,便对卢画师道:'画师,不用再画图相了,劳烦你远来。佛经说:凡是外相,所有的都是虚妄不实的。只要留下此偈,让人读诵受持,依照此偈修行，免堕恶道轮回；依此偈修行，能够获得大利益。'令门人燃香礼敬，全都诵持此偈，说是这样便能见性。门人读诵此偈，都赞叹不已，高称善哉。

"五祖三更唤神秀入方丈堂，问道：'此偈是你作的吗？'神秀道：'确实是神秀所作，不敢妄求祖师之位，只盼望和尚慈悲，看弟子有没有微小的智慧。'五祖道：'你作此偈，尚未得见本性，只到门外，未入门内。这种见解，欲求无上菩提，绝不可得。无上菩提，必须于言下识得自己本心，见到自己的本性不生不灭。于一切时中，念念自见，对于万法都不执著，心无滞留。明了此真心之后，一切皆真，万境自然如如不变，如如之心，即是真实不变之心。如果有这样的见解，即是无上菩提的自性。你且回去，思考一两天，重作一偈，拿来我看，你的偈颂如果能够入门，我就将衣法传付给你。'神秀礼拜了出来，又经数日，作不成偈，心中恍惚，神思不安，犹如在梦中，行坐不安，心中不乐。

"又过了两天，有一个童子从碓坊边经过，边走边唱诵这首偈。惠能一听，便知此偈未见本性，虽然未曾蒙受讲授，就早已知其大意。遂问童子道：'诵的是什么偈？'童子道：'你这个南蛮子不知，大师说世人生死事大，意欲传付佛法和法衣，令门人各作一偈来看，如果悟到了佛法大意，即传付衣法，为第六祖。神秀上座在南廊壁上写了一首无相偈，大师令人都去诵持，说是依此偈修行，免堕恶道，有大利益。'惠能道：'我也要诵此偈，结来世善缘。上人，我在此踏碓八个多月，还没有走到堂前过，望上人引导我到偈前礼拜。'

"童子引我到偈前礼拜。惠能道：'惠能不识字，请上人为我读偈。'当时有位江州别驾，姓张，名日用，便高声读诵。惠能听到之后，因而说道：'我亦有一个偈颂，望别驾为我书写。'张别驾道：'南蛮子，你也会作偈，这事可真稀罕。'惠能对别驾说：'要想学得无上菩提，不得轻视初学者。下下等人有至高无上的智慧，上上等人却有意想不到的低智能。如果轻视他人，就有无量无边的罪过。'张别驾道：'你只管诵偈，我为你书写。你如果得法，必须先度我，不要忘了我的话。'惠能偈如下：

菩提清净不是树，明镜空空也非台。

本来空净无一物，何处能够染尘埃！

"张日用替我书写完这首偈后，五祖门下的徒众都很吃惊，无不嗟叹惊讶，相互议论道：'奇巧奇巧，不能以貌取人。不知他修了多少时间，竟然成了肉身菩萨。'五祖见众人惊奇称怪，恐怕有人伤害（惠能），就用鞋擦掉了偈颂，说是也没有见性。众人听见五祖这么说，便不再怀疑。

"第二天，五祖悄悄来到碓坊，见惠能腰上绑了一块大石头春米，言道：'求道的人，为求大法忘了自己的身体，就应当这样呀！'便即问道：'米熟了没有？'惠能道：'米熟好久了，只是还欠少筛（师）。'五祖没吭声，只是用杖敲了石碓三下就走了。惠能即知祖师的心意，三更时候，悄悄来到方丈室中。五祖用几件袈裟将四周围住，不让人看见，为我说《金刚经》。讲到'应当无所执著、滞留而生起灵动自在的心'这句时，惠能言下大悟，明了一切万法不离自性的道理。遂启禀祖师道：'何曾想到自性，本来清净无染；何曾想到自性，本来没有生灭；何曾想到自性，本来具足无缺；何曾想到自性，本来没有动摇；何曾想到自性，能够产生万法。'五祖知我已经悟到了本性，对惠能道：'认识不到自己的本心，空学佛法的形式语言没有益处。如果认识到了自己的本心，见到自己的本性，就可称为大丈夫、天人师、佛。'

"惠能三更接受大法，众人全都不知道。五祖便传顿教法门和衣钵法器，道：'你为第六代祖，善自护念心体，广度有情众生，将佛法流传到将来，不要使之断绝。听我偈曰：

有情播下佛性种，善因地中善果生。

无情之物无佛种，无性无因果不生。'

"五祖又道：'昔时达摩大师初到中国，这里的人不大相信，故传此法衣以为信物，代代相承。所传法要则是以心传心，都是让得法者自悟自解。自古以来，佛佛代代相传，所传只是本体；祖祖世世密付，所付不过本心。传法衣易生争端，到你这一代为止，不要再传下去了。如果再传法衣，则得法者命如悬丝，非常危险。你必须马上离去，恐怕有人害你。'惠能道：'向什么处去呢？'五祖道：'逢见"怀"就停止，遇到"会"就隐藏。'惠能三更领受衣钵，说道：'惠能本是南方人，向来不知道这里的山路，怎么能够到达江口？'五祖道：'你不必忧虑，我亲自送你。'

"五祖送惠能，直到九江驿站，驿站旁边有一只小船，五祖令惠能上船，亲自摇橹划船。惠能道：'请和尚坐下，弟子应当摇橹。'五祖道：'应当是我度你。'惠能道：'迷时由师度弟子，悟了弟子自度。"度"的名称虽然是一，用意却不相同。惠能生长在边地，语音不正，承蒙恩师传法，现在已经觉悟，只应自性自度。'五祖道：'正是，正是。以后佛法由你大行于世。你离去三年，我方逝世。你如今走好，努力南行，不宜急于说法，佛法很难兴起。'

"惠能辞别祖师后，动身南行，大约走了一个半月，来到大庾岭。五祖回去后，好几天不上前堂说法，众人心中生疑，前去向老师请安，道：'和尚没有什么不舒服吧？'五祖道：'病倒是没有，只是传法衣和佛法已经到南方去了。'众人问道：'是谁得到了和尚的传授？'五祖答道：'有能力的人得到了衣法。'众人这才猜到是惠能得到了传授。有数百人从后面追上来，意欲抢夺衣钵。有一僧人，俗姓陈，法名惠明，其先是官居四品的将军，性情粗莽，极力参禅，寻求佛道，因而走在众人前面，赶上了惠能。惠能将衣钵扔到一块大石头上，言道：'此衣代表传法信物，难道可以用蛮力争

悟法传衣第一　21

夺吗？'说完隐藏在草丛中。惠明赶到，赶紧去拿衣钵，却根本提不起来，便呼唤道：'行者，行者。我是为求法而来，不是为了得到法衣。'惠能遂从草丛中出来，盘腿坐在石头上。惠明上前施礼，说：'望行者为我说法。'惠能道：'你既然是为法而来，则可屏息众缘，一念不生，我为你说明。'过了好久，惠能道：'不思善，不思恶，正当此时，哪个是明上座的本来面目？'惠明言下大悟，又问道：'除了上述密语密意之外，还有其他密意吗？'惠能道：'既然告诉你了，就不再是秘密了。你如果返照本心，则知自有密意。'惠明道：'惠明虽在黄梅多时，实则未省自己的本来面目。今蒙您指示，如人饮水，冷暖自知。如今行者您就是我惠明的老师。'惠能道：'你要是已经觉悟了，我和你是同门师兄弟，同师黄梅五祖，希望你善自护持自性本心。'惠明又问：'惠明今后应当向什么地方去？'惠能道：'逢"袁"则止，遇"蒙"则居。'惠明礼拜后辞去。惠明回到岭下，告诉追来的僧众说：'前面只有山峰陡削，没有一点行者的踪影。应该往别的道路上去追寻。'追赶来的僧众都认为没错，相信了他的话。

"惠能后来到曹溪，又被恶人寻迹追逐，便逃到四会，在猎人队中避难，前后一共隐遁十五年。在四会山林中，时常为猎人随缘说法。猎人常令我守网，我每见生命入网，就全都放走。每到吃饭时，我将野菜放到煮肉锅边。有人惊奇发问，我说只喜欢吃肉边的菜。

"如此过了十多年。一日思维，该到了弘法的时候了，不可以一直这样隐遁，遂走出山林，来到广州法性寺，正值印宗法师在寺里讲《涅槃经》。当时风吹动了寺中的旗幡，一僧说是风动，一僧说是幡动，相互争论不休。惠能进前说道：'既不是风动，也不是幡动，而是你们心动。'大众闻言，都惊骇不已。印宗法师将惠能延请到上席，诘问佛法奥义，见惠能言语简明，述理恰当，不执著于文字。印宗道：'行者肯定不是常人，很久就听说黄梅五祖的衣法传到南方，莫非是您吗？'惠能道：'不敢当。'印宗于是施礼，请求将传来的衣钵出示大众。印宗又问道：'黄梅五祖付嘱，如何指示授受？'惠能道：'并无指教，只强调见性，不言禅定、解脱。'印宗道：'为何不说禅定、解脱？'惠能道：'因为禅定解脱是分别二法，不是佛法，佛法是不二的大法。'印宗又问：'如何是佛法、不二之法？'惠能道：'法师讲《涅槃经》，经中明明显示佛性是佛法不二之法，如经中说，高贵德王菩萨向佛说道：违背四重禁戒，犯有五逆大罪，及一阐提等众生，应当断绝善根佛性吗？佛言：善根有二种：一是常，二是无常，佛性非常非无常，所以不断，名为不二；一是善，二是不善，佛性非善非不善，是名不二。五蕴与十八界，凡人以为是二，智者明了真理，知其本性无二，无二之性，即是佛性。'印宗听说之后，心中欢喜，合掌赞礼，道：'我讲经义，犹如瓦砾；您所讲说，犹如真金。'印宗于是为惠能剃发，愿拜惠能为师。惠能便于寺中菩提树下，开示东山法门。

"惠能从东山得法，受尽千般辛苦，遭遇种种危险，千钧一发，命悬一线。今日能够与使君及各位官员、僧尼道俗同值此法会，如果不是多劫所积善缘，也是由于过去世中曾经供养诸佛，一同种下善根，才有机会得闻如上所述得到顿教法门的因由。教是先代圣人所传，不是出自惠能自己的智慧。愿意闻听先圣所传教法者，各自净心。闻听之后，各自除去疑惑，便与先代圣人无别。"

大师又告诉众人道："诸位善知识，菩提般若的大智慧，世人本来自己就有，只是因为心迷，不能自己悟解，必须靠大善知识的示导指教，才能见性成佛。你们当知，不论愚笨的人还是聪明的人，每人的佛性本无差别，只是由于迷惑与觉悟的不同，才有愚人智人的区分。我今为你们讲说摩诃般若波罗蜜法，使你等各得智慧，专心谛听，我为你们宣说。

"善知识,世人终日口中念叨般若,不知自性般若,犹如只是为人口说食物,终不能让人真正吃饱,只是口中说空,万劫不能见性,毕竟毫无所益。

"善知识,摩诃般若波罗蜜是梵语,译成汉语则是大智慧到彼岸。此法必须心行,不在口念,口念心不行,则如幻如化,如露如电,不能长久;口念心行,则心口相应,了知自己本性是佛,离开自性,别无他佛。什么叫做摩诃?摩诃是大。心量广大,犹如虚空,没有边界,也没有方圆大小,也非青黄赤白,也无上下长短,也无有嗔怒喜悦,无是无非,无善无恶,无有头尾。诸佛国土,都和虚空一样。世人妙性,本来是空,其中没有一法可得,自性真空,也是如此。

"善知识,不要一听我说空,便执著于空。第一不得执著于空。如果空心静坐,即是执著顽空。善知识,世界本身是空,却能含容万事万物,各类色彩形像,日月星宿,山河大地,泉源溪涧,草木丛林,恶人善人,恶法善法,天堂地狱,一切大海,须弥山等诸大山,都在空中。世人本性之空,也是如此。

"善知识,自性能含万法,所以广大。万法在诸人自性中,如果见到一切人的善恶等行,能够不取不舍,亦不沾染执著,心如虚空一般,称之为大,所以名为摩诃。善知识,迷人只会口说,智者却是心行。又有一类迷人,空心静坐,什么都不思考,自称为大,这一类人,没有办法和他们交流,因为他们心有邪见,不可理喻。

"善知识,心量广大,遍布整个世界,运用之时则了然分明,随其所用,便知一切万法。一切即一,一即一切,来去自由,心体没有滞留,即是般若。善知识,一切般若智慧,都是从自性产生,不是从外而入,不要错解用的意思,方才名为自性真用。自心一真,一切都随之成真,心量广大,只思量大事,不行小路。千万不要只是口中终日说空,心中不修空行,恰似凡人自称国王,最终不可真正成为国王。这样的人,不是我的弟子。

"善知识,什么叫做般若?般若,汉语称为智慧。一切地方,一切时间,不生起一个愚蠢的念头,常依智慧行事,即是般若行。一念愚痴,即般若绝;一念智慧,则般若生。世人愚迷,不见般若,虽然口说般若,难免心中经常愚迷,经常自称我修般若,念念说空,不识真空。

　　般若本来无形相,其实智慧心即是。
　　如果这样来理解,即是叫做般若智。
　　什么叫做波罗蜜?这是西方印度语,汉语即是到彼岸。
　　理解此义离生灭,执著外境生灭起。
　　就如水中有波浪,如此即名为此岸。
　　远离外境无生灭,如水平稳常通流,如此即名为彼岸。
　　出离此岸到彼岸,所以称为波罗蜜。

"善知识,迷人只是口念般若,当其口中念叨时,心中却存妄念错念。念念心行般若,才是名为真性。悟解了般若必须心行,才是般若法;修习此行,才是般若行。不修般若行,即是凡夫;一念修行,自身与佛等同。善知识,凡夫即是佛,烦恼即是菩提。前念迷即是凡夫,后念悟即是佛;前念贪著于境即是烦恼,后念出离外境即是菩提。

"善知识,摩诃般若波罗蜜,最尊最上最第一,无住无往亦无来,三世诸佛从中出。应当用大智慧打破五蕴烦恼和一切尘劳,如此修行,定能成就佛道,变三毒贪嗔痴为戒定慧三学。

"善知识,我这个法门,从一般若产生八万四千智慧。为什么呢?因为世人有八万四千种尘劳。如果没有尘劳,则自身智慧常现,不会离开自性。悟解这一法门,即是不念想将来、不回忆过去、不执著现在,不起虚妄诳骗的心念。应用自身真如本性,以智慧观照一切。对于一切事物,都不取不舍,这样即是见性,就能证成佛道。

"善知识，如果想进入深微的法界以及般若三昧，必须修习般若行。受持读诵《金刚般若经》，这样就能见性。应当知道这一经典的功德很大，无量无边，经中已经分明赞叹，不能尽说。这一法门是最上乘，只为有大智慧的人说，为具上等根器的人说。小根小智的人闻听，心中不信。为什么呢？譬如龙王降大雨于陆地，城镇村落，都漂流起来，就像枣叶一样；如果降大雨于大海，那么海水就会显不出有增有减。如果是大乘人，最上乘人，闻说《金刚经》，心即开悟，便知自心本性中自有般若智慧，由于经常自用智慧观照一切，所以不用借助文字。譬如雨水，不是从天上产生，本是龙王所招致，使一切众生，一切草木，不论有情无情，都蒙受滋润，形成百川众流，流入大海，合为一体。众生本性具足的般若智慧，也是如此。

"善知识，小根器的人闻说这种顿教法门，犹如根浅的草木一样，一经大雨，全都自己倒伏，不能增长，小根器的人，也是这样。小根器的人，也是本有般若智慧，与有大智慧者没有差别，为何闻说大法之后不能自己开悟呢？这是由于邪见业障太重，烦恼过于深厚。犹如大云覆盖了太阳，没有大风将之吹走，日光就不会呈现。般若智慧本身没有大小，只是因为一切众生自心迷悟不同，心迷的人向外追逐，试图通过修行求佛，未悟自性本来是佛，这就是小根。如果能够悟解顿教法门，不执著于外修外求，只于自心常生正见，烦恼尘劳，不能染污，即是见性。善知识，不住内外，来去自由，能够去除贪执之心，通达无碍，能够修习此行，就与般若没有差别。

"善知识，一切修多罗经典及诸文字，大乘小乘，十二部经，都是由人设置，因人的智慧本性，方能建立。若没有世人，一切万法本来没有，所以可知万法都是本自人兴，一切经书，因人而有。

因为人中有愚有智，愚痴者为小人，有智慧者为大人。愚人去向智者问法，智者为愚人说法，愚人忽然心中开悟，即与智者没有差别。

"善知识，众生与佛本来没有差别，不能觉悟时，则佛性不能显现，从佛下降为众生；一念心开，觉悟之时，就从众生上升为佛。因而可知万法都在自心之中，为什么不从自心中顿时发现本来具足的真如本性呢？《菩萨戒经》说：'我的本元自性是清净的。'如果能够认识到自己的本心，见到自己的本性，都能成就佛道。《维摩诘经》说：'即时豁然大悟，返本还源，得知本心。'

"善知识，我在忍和尚那里，一闻祖师开示，言下便悟，顿时见到真如本性，是故将这一教法流行传播，令学道习佛者顿悟菩提，各自观心，则自见本性。如果自己不能觉悟，则必须寻觅大善知识，解悟最上乘法的人，为自己直指正路。这种大善知识为了化导众生，使之明见本性这一大因缘而出现在世上，一切善法，都是由大善知识才能发起。过去现在未来三世诸佛，十二部经，在人性中本来具备，如果不能自悟，必须请求大善知识指示，才能明见。如果能够自悟，则不必外求。如果一味执著，说是只有依靠善知识的开示才能解脱，没有这个道理。为什么呢？因为关键是众生自己，自己心中明了，才能自悟。如果自己心中生起邪见迷惑，充满颠倒虚妄的念头，虽然有善知识的开示教导，也无法获救。自己心中如果生起真实正确的般若智慧，以此观照身心，一刹那间，所有妄念全都消灭。如果能够识得自性，即可一时彻悟，直至佛地。

"善知识，常用智慧观照一切，即可内外明彻，识得自己本心。如果能够认识到自己的本心，即本来解脱。如果能够得到解脱，即是般若三昧。般若三昧，就是无念。什么是无念呢？如果见到一切事物，自心对之又不刻意追求、执著，即是无念。运用无念则心遍及一切处，也不执著一切处，只要使本心清净，使眼、耳、鼻、舌、身、意六识从六门出去，在六尘中不受染污，不与之掺杂，来去自由，运用通达自如，无所滞留，即是般若三昧，自在解脱，又名无念行。如果对万事万物都不思虑，就会使心念完全断绝，这就是为法所缚，就是一种偏执的、只看到一边的偏见。

"善知识，悟解无念法者，万法尽通；悟解无念法者，能够见到诸佛的境界；悟解无念法者，可以到达佛的地位。善知识，后世得到我所说法的人，将这一顿教法门，传播在志同道合者中，让他们发大誓愿，愿意受持这种顿教法，就如奉事佛一样，终身而不退失的人，必定得入圣位。然而得法者必须传授从上代以来默传分付的正法，不得隐匿不传。若非遇到志同道合的人，在其他教法中，则不得妄传，否则就会损害传法者，终究无益。这是因为恐怕愚人不能理解这种顿教法门，对之进行诽谤，导致百劫千生，佛种断灭。

"善知识，我有一个无相颂，你们各人都必须用心记诵，不论在家出家，只要依此修行即可，如果不是自己真修，只是记诵我的言语，也没有益处。听我的颂：

  有言说通有心通，犹如昊日在虚空。
  唯传此种见性法，随缘出世破邪宗。
  佛法本来无顿渐，只是迷悟有迟疾。
  只此无上见性门，愚人无缘得知悉。
  言说虽然有万般，合成至理还归一。
  烦恼迷心如暗宅，其中常须生慧日。
  邪念一来烦恼至，正见一生烦恼除。
  邪正二边俱不用，清净涅槃至无余。
  菩提本是自性有，起心外求即是妄。
  净心原在妄心中，正心便无三重障。
  世人若欲修佛道，一切尽不得相妨。

只要常见自己过，即与大道总相当。
物类各自有己道，各行其道不妨恼。
离开己道别求道，终身不得见真道。
寻寻觅觅枉一生，到头不免心自懊。
若欲得见真正道，自身行正即是道。
如若自己无道心，一生暗行不见道。
若是真正修道人，不见世间人过错。
若见他人行事非，自己亦非便大错。
他人行非我不非，我非自己有罪过。
只要自己去非心，心中烦恼全打破。
是非憎爱不关心，长伸两脚自在卧。
若想化导于他人，自己必须有方便。
勿使对方有疑惑，即是自性智慧现。
佛法本来在世间，不可离开世间觉。
离开世间求菩提，恰如寻觅兔子角。
正见即是出世间，邪见名为在世间；
邪正二边尽除却，菩提自性见宛然。
此颂即是顿教法，又名出世大法船。
迷时漫漫经多劫，悟则即在刹那间。"

大师又道："今于大梵寺说此顿教法门，普愿法界天下所有众生言下悟道，见法成佛。"当时韦刺史和官吏道俗人等，听到大师讲说，无不省悟，一齐向大师礼拜，都赞叹道："善哉！善哉！哪里想到岭南也有佛出世呀！"

释功德净土第二

次日,韦刺史为师设大会斋。斋讫,刺史请师升座,同官僚士庶,肃容再拜,问曰:"弟子闻和尚说法,实不可思议。今有少疑,愿大慈悲,特为解说。"师曰:"有疑即问,吾当为说。"

韦公曰:"和尚所说,可不是达摩大师宗旨乎?"师曰:"是。"公曰:"弟子闻达摩初化梁武帝,帝问云:'朕一生造寺供僧,布施设斋,有何功德?'达摩言:'实无功德。'弟子未达此理,愿和尚为说。"师曰:"实无功德,勿疑先圣之言。武帝心邪,不知正法。造寺供养,布施设斋,名为求福,不可将福,便为功德。功德在法身中,不在修福。"

师又曰:"见性是功,平等是德。念念无滞,见本性真实妙用,名为功德。内心谦下是功,外行于礼是德;自性建立万法是功,心体离念是德;不离自性是功,应用无染是德。若觅功德法身,但依此作,是真功德。若修功德之人,心即不轻,常行普敬①。心常轻人,吾我不断,即自无功。自性虚妄不实,即自无德,为吾我自大,常轻一切故。善知识,念念无间是功,心行平直是德。自修性是功,自修身是德。善知识,功德须自性内见,不是布施供养之所求也。是以福德与功德别。武帝不识真理,非我祖师有过。"

又问:"弟子常见僧俗,念阿弥陀佛,愿生西方,请和尚说,得生彼否?愿为破疑。"师言:"使君善听,惠能与说。世尊在舍卫城②中说西方引化③,经文分明,去此不远。若论相说里数,有十万八千,即身中十恶八邪④,便是说远。说远为其下根,说近为其上智。人有两种,法无两般。迷悟有殊,见有迟疾。迷人念佛,求生于彼,悟人自净其心。所以佛言:随其心净即佛土净。使君东方人,但心净即无罪;虽西方人,心不净亦有愆。东方人造罪,念佛求生西方;西方人造罪,念佛求生何国?凡愚不了自性,不识身中净土,愿东愿西。悟人在处一般。所以佛言:随所住处恒安乐⑤。使君心地但无不善,西方去此不遥;若怀不善之心,念佛往生难到。今劝善知识,先除十恶,即行十万。后除八邪,乃过八千。念念见性,常行平直,到如弹指,便睹弥陀。使君但行十善⑥,何须更愿往生;不断十恶之心,何佛即来迎请?若悟无生顿法,见西方只在刹那;不悟念佛求生,路遥如何得达?惠能与诸人移西方刹那间,目前便见。各愿见否?"

众皆顶礼云:"若此处见,何须更愿往生?愿和尚慈悲,便现西方,普令得见。"师言:"大众,世人自色身是城,眼、耳、鼻、舌是门。外有五门,内有意门。心是地,性是王,王居心地上,性在王在,性去王无。性在身心存,性去身心坏。佛向性中作,莫向身外求。自性迷即众生,自性觉即是佛。慈悲即是观音,喜舍名为势至⑦,能净即释迦,平直即弥陀。人我是须弥,邪心是海水,烦恼是波浪,毒害是恶龙,虚妄是鬼神,尘劳是鱼鳖,贪嗔是地狱,愚痴是畜生。善知识,常行十善,天堂便至。除人我,须弥倒。无邪心,海水竭。烦恼无,波浪灭。毒害除,鱼龙绝。自心地上觉性如来放大光明,外照六门清净,能破六欲

释功德净土第二

诸天⑧。自性内照，三毒即除，地狱等罪一时消灭。内外明彻，不异西方。不作此修，如何到彼？"

大众闻说，了然见性，悉皆礼拜，俱叹善哉！唯言："普愿法界众生，闻者一时悟解。"师言："善知识，若欲修行，在家亦得，不由在寺。在家能行，如东方人心善；在寺不修，如西方人心恶。但心清净，即是自性西方。"

韦公又问："在家如何修行，愿为教授。"师言："吾与大众作无相颂。但依此修，常与吾同处无别。若不依此修，剃发出家，于道何益！颂曰：

心平何劳持戒，行直何用修禅？
恩则亲养父母，义则上下相怜。
让则尊卑和睦，忍则众恶无喧。
若能钻木出火，淤泥定生红莲。
苦口的是良药，逆耳必是忠言。
改过必生智慧，护短心内非贤。
日用常行饶益，成道非由施钱。
菩提只向心觅，何劳向外求玄？
听说依此修行，天堂只在目前。"

师复曰："善知识，总须依偈修行，见取自性，直成佛道。法不相待，众人且散，吾归曹溪。众若有疑，却来相问。"时刺史官僚，在会善男信女，各得开悟，信受奉行。

[注释]

①普敬：普遍尊敬一切众生，不轻视人。《法华经》中有常不轻菩萨，隋唐时期的三阶教强调普敬，六祖惠能也多处主张普敬，反对轻视人。

②舍卫城：在中印度境内，为憍萨罗国都城，佛经常在此说法。

③引化：接引度化。

④十恶八邪：杀生、偷盗、邪淫、妄语、两舌、恶口、绮语、贪、嗔、痴，合称为十恶。邪见、邪念、邪思惟、邪语、邪业、邪命、邪方便、邪定，称为八邪。八邪与八正道相反。

⑤随所住处恒安乐：此为赞颂发愿词的末句，多作"随所住处常安乐"，见于《佛说无常经》等多种经典，有说为马鸣取经意而造。

⑥十善：与十恶相对应，即不杀生、不偷盗、不邪淫、不妄语、不两舌、不恶口、不绮语、不贪、不嗔、不痴。

⑦势至：即大势至菩萨，为阿弥陀佛的右胁侍，能以智慧之光普照一切，使三恶道中苦难众生"得无上力"，故名"大势至"，其与阿弥陀佛、观世音菩萨合称为"西方三圣"。

⑧六欲诸天：指欲界的六重天，即最下一重四天王天，第二重忉利天，第三重夜摩天，第四重兜率天，第五重化乐天，最上一重他化自在天。

[译文]

次日，韦刺史为大师设大会斋。用斋之后，刺史请大师升高座，同官吏士民等肃容再拜，问道："弟子闻听和尚说法，觉得实是不可思议。如今有一点疑问，愿大师慈悲，为我解说。"大师道："有疑就问，我当为你解说。"

韦璩道："和尚所说，可不是达摩宗旨吗？"大师道："是。"韦璩道："弟子听说，在达摩起初化导梁武帝时，武帝问道：'朕一生修造寺院，度僧出家，布施财物，设斋供养，有什么功德？'达摩道：'实际上没有功德。'弟子不明此理，愿和尚为我解释。"大师道："确实没有功德，不要怀疑先圣的言语。武帝心中邪迷，不知正法。修造寺院，度僧出家，布施财物，设斋供养，名为求福报，不可将修福报视为功德，功德在法身中，不在修福。"

大师又道："见性是功，平等是德，念念不滞留，常见自己本性，真实妙用，名为功德。内心谦虚是功，外在的行为合乎礼是德；自性建立万法是功，心体远离杂念是德；不离开自性是功，应用于外不受染污是德。如果寻觅功德法身，只要依此行事，便是真功德。如果是修功德的人，心中不会轻视任何人，经常行普敬法，平等尊敬一切众生。心中经常轻视他人，对自我的执著不断，即自然没有功；自性虚妄，不诚实，即自然没有德，因为傲慢自大，经常轻视一切的缘故。善知识，念念相续，不间断停留是功，心中平直是德；自修心性是功，自修身行是德。善知识，功德必须是自性由内而发，不是布施供养所能求得的。是故福德与功德不同。梁武帝不识真理，不是我们祖师所说有什么过错。"

韦刺史又问道："弟子常见出家僧人和俗家信众念阿弥陀佛，发愿往生西方净土，到底能不能往生西方呢？愿大师为我释疑解惑。"大师道："使君好好听，惠能为你说。世尊在舍卫城中，讲说西方阿弥陀佛接引化导众生，经文说得十分明白，西方离此土并不遥远，如果从表相里数来说，有十万八千里，实指众生身中十恶八邪，便是说相去遥远，说距离很远是为下等根器的人而说，说距离很近是为上等根器的人而说。人有上下两种，佛法则无两般，只是迷悟不同，见性有快有慢。迷惑的人念佛，求生别处净土，觉悟的人则自净其心，不向外求。所以佛说：随着众生心性的清净，则佛土清净。使君虽然是东方人，只要心净，就没有罪过；有人虽然出生西方，心中不净，照样有罪。东方人造罪，念佛求生西方；西方人造罪，念佛求生何地？愚人凡夫，不能明见自性，不识自己身中净土，愿东愿西。觉悟的人在什么地方都一样。所以佛说，随所住处，恒常安乐。使君只要心地善良，西方相去不遥；若怀不善的心，念佛求往生净土，则难以达到。如今奉劝各位善知识，先除心中十恶，等于向西方走了十万里，然后除掉八邪，就是又过了八千里。念念明见自性，常常行事正直，弹指之间，便能目睹阿弥陀佛，到达西方净土。使君只要行十善，何须再愿往生西方？心中十恶不断，哪位佛会来迎请？如果能够悟解无生妙理，顿教大法，刹那之间便可见到西方；不能觉悟，只是念佛求往生西方，路途遥远，如何到达？惠能为你们刹那间将西方移来，让你们目前便见到，你们愿意吗？"

众人都顶足礼拜，说道："如果能于此处见到西方，何必再发愿往生？愿和尚慈悲，如今便示现西方，普令我等都能得见。"大师道："大众，世人自己的肉身是城，眼、耳、鼻、舌、身、意是门，外有前五门，内有意门。心是地，性是王，王在心地上，性在王在，性去王无，性在身心存在，性去身心自坏，佛向性中才能作，切莫向外求取。自性迷惑，就沦为众生；自性觉悟，就升为诸佛。慈悲就是观音菩萨，喜舍名为大势至菩萨，能净即是释迦牟尼佛，平直就是阿弥陀佛。执著人我就是须弥山，邪心是大海水，烦恼是波浪，毒害是恶龙，虚妄是鬼神，尘劳是鱼鳖，贪嗔是地狱，愚痴是畜生。善知识，常行十善，天堂就会到达，除去对人和我的偏见执著，烦恼须弥山就会倒下。除去邪心，海水枯竭；没有烦恼，波浪消灭。毒害消亡，鱼龙灭绝。自己心地上本来就有的觉性如来，就会放大光明，向外照亮六门，使之清净，能够破除色界六欲天。自性光明内照，心中贪嗔痴三毒就会尽除，地狱等重罪，一时全部消灭。如此身心清净，内外明彻，与西方净土没有差异。不如此修行，如何能够到达西方？"

大众闻听大师之说，全都心中明了，觉悟见性，共同礼拜，都赞叹"善哉"！一起唱道："普愿法界世间所有众生，闻听此法者同时悟解。"大师言道："善知识，要想修行，在家也可，不一定在寺。在家能真修行，如同东方人心善；在寺不真修道，如西方人心恶。只要自心清净，即是自性西方，身中净土。"

韦璩又问："在家如何修行，愿大师为我们讲授。"大师道："我与大众说一首无相颂，只要依此修行，就是和我同在，如果不依此修行，即使剃发出家，对佛道又有什么益处？颂曰：

　　心中平和何须持戒，行为正直何用修禅。

知恩则是孝养父母，有义就会上下相怜。
礼让就会尊卑和睦，能忍家丑不会外喧。
如果能够钻木取火，淤泥之中定生红莲。
苦口难咽确是良药，逆耳之语必是忠言。
勇于改过必生智慧，有意护短心中不贤。
日用之中经常饶益，欲成大道不由施钱。
菩提只向自心寻觅，何必费力向外求玄。
闻听之后依此修行，天堂不远就在眼前。"

　　大师又道："善知识，你们都须依照此偈颂修行，明见自性，直下成佛。因缘有聚散，不会一直相待，众人且散去，我回曹溪。你们若有疑问，以后再来相问。"其时刺史官吏，在会善男信女，都得以开悟，对大师所说法信受奉行。

定慧一体第三

师示众云："善知识，我此法门，以定慧为本。大众勿迷，言定慧别。定慧一体，不是二。定是慧体，慧是定用。即慧之时定在慧，即定之时慧在定。若识此义，即是定慧等学。诸学道人，莫言先定发慧、先慧发定各别。作此见者，法有二相。口说善语，心中不善，空有定慧，定慧不等。若心口俱善，内外一种，定慧即等。自悟修行，不在于诤。若诤先后，即同迷人。不断胜负，却增我法①，不离四相②。

"善知识，一行三昧者，于一切处，行住坐卧，常行一直心是也。如《净名经》云：直心是道场，直心是净土。莫心行谄曲③，口但说直，口说一行三昧，不行直心。但行直心，于一切法勿有执著。迷人著法相，执一行三昧，直言坐，不动妄，不起心，即是一行三昧。作此解者，即同无情，却是障道因缘。善知识，道须通流，何以却滞？心不住法，道即通流，心若住法，名为自缚。若言不动是，只如舍利弗④宴坐⑤林中，却被维摩诘诃。

"善知识，又有人教坐，看心观静，不动不起，从此置功⑥。迷人不会，便执成颠。如此者众。如是相教，故知大错。

"善知识，定慧犹如何等？犹如灯光。有灯即光，无灯即暗。灯是光之体，光是灯之用。名虽有二，体本同一。此定慧，亦复如是。

"善知识，本来正教，无有顿渐，人性自有利钝。迷人渐契，悟人顿修。自识本心，自见本性，即无差别。所以立顿渐之假名。

"善知识，我此法门，从上以来，先立无念为宗，无相为体，无住为本。无相者，于相而离相。无念者，于念而无念。无住者，人之本性。于世间善恶好丑，乃至冤之与亲，言语触刺⑦，欺争之时，并将为空，不思酬害⑧。念念之中，不思前境。若前念今念后念，念念相续不断，名为系缚。于诸法上念念不住，即无缚也。此是以无住为本。

"善知识，外离一切相，名为无相。能离于相，即法体清净。此是以无相为体。善知识，于诸境上心不染，曰无念，于自念上常离诸境，不于境上生心。若只百物不思，念尽除却，一念绝即死，别处受生，是为大错。学道思之。若不识法意，自错犹可，更劝他人。自迷不见，又谤佛经。所以立无念为宗。

"善知识，云何立无念为宗？只缘口说见性，迷人于境上有念，念上便起邪见，一切尘劳妄想，从此而生。自性本无一法可得。若有所得，妄说祸福，即是尘劳邪见。故此法门立无念为宗。善知识，无者，无何事？念者，念何物？无者，无二相，无诸尘劳之心。念者，念真如本性。真如即是念之体，念即是真如之用。真如自性起念，非眼、耳、鼻、舌能念。真如有性，所以起念。真如若无，眼、耳、色、声当时即坏。

"善知识，真如自性起念，六根虽有见闻觉知，不染万境而真性常自在。故云：能善分别诸法相，于第一义而不动⑨。"

[注释]

①我法：我执与法执，即对内在自我的执著和对外在事物的执著。

②四相：出自《金刚经》等。一我相，计五蕴为我；二人相，计我为人；三众生相，计我为众生；四寿者相，计我一世之寿命。

③谄曲：谄伪邪曲，与直心相反。

④舍利弗：又称舍利子，佛的大弟子，号称智慧第一，与神通第一的大目犍连并称第一双胜，在佛的诸弟子中地位最高。

⑤宴坐：安然静坐，指坐禅。

⑥置功：修行用功。

⑦言语触刺：言语抵牾，发生口角。

⑧酬害：报复伤害。

⑨善能分别诸法相，于第一义而不动：语出《维摩诘经·佛国品》，意思是虽然善于认识各种事物的性质特征，有能动性，对于最高的实在和真理来说却自在不移，不会动摇。

[译文]

大师告诉大众道："善知识，我说的法门，以定慧为本。大众不要心迷，说定慧有差别。定慧一体，不是两种法门。定是慧的本体，慧是定的作用，慧悟之时定在慧中，入定之时慧在定中，如果能够认识其中意义，就是定慧等一的正理。诸位学道的人，不要说先入定，再发慧，也不要说先发慧，后入定，定慧各自有别。持此种见解的人，就是认定佛法有分别二相，口说佛法善言，心中有分别二见，迷惑不善，空有定慧，定慧却不能等一。如果言语与心行都善，内外一如，定慧即等。自悟自修，不在于言语口争，如果争执先后，即与迷人等同，不能断除好争胜负的心，却增加了对人我和法我的执著，不能远离人相、我相、众生相、寿者相四相。

"善知识，所谓一行三昧，就是在一切处所，无论是行走还是站立，是坐下还是躺着，都要经常保持一种直心。《维摩诘经》说：'直心就是修行的道场，直心就是佛国净土。'千万不要心行邪曲，只是口中说直，口中说一行三昧，却不行直心。而是应当只行直心，对于一切法都不要执著。迷人执著法相，执著一行三昧，只是强调时常坐禅，身体不动，妄说不起心思，以为如此就是一行三昧。持这种见解的人，即是将自己等同于没有生命的无情，非但不能解脱，还成了修行悟道的障碍。善知识，道必须流通灵动，为什么反倒滞留凝固？心不执著于法，道就会流通，心若执著于法，名为自己束缚自己，捆绑自己。如果说常坐不动就是对的，那么就如舍利弗在山林中宴坐修禅，却被维摩诘诃斥。

"善知识，又有人教人坐禅，看心观静，不动心，不起念，从这里下功夫，作为入道门径，迷人不能真正领会其中真意，便对之产生执著，成了颠狂，这样的人很多。如此教导人，可知是犯了大错。

"善知识，定慧如何一体相等呢？犹如灯光，有灯则有光，无灯则黑暗。灯是光的本体，光是灯的作用，名称虽然有两个，本体本来是一。这种定慧法门，也是如此。

"善知识，本来正教没有顿渐之分，只是由于人的根性不同，有利根聪明的人，有钝根愚笨的人。钝根迷人渐修，利根悟人顿悟，自识本心，自见本性之后，则没有差别。由于人的根性利钝不同，所以建立顿渐的假名，不是实有顿教渐教。

"善知识，我这种法门，从上代以来，先立无念为宗，无相为体，无住为本。无相，就是在相中离相；无念，就是在念上离念；无住，是人的本性。对于世间的善恶美丑，乃至冤家亲人，不论言语相争，还是身体冲突接触，都知道这种不和现象的本性是空，不思报复伤害他人，念念之中，都不思量过去的恩怨。如果以前的念头、如今的念头、以后的念头，念念相续，不曾间断，叫做系缚；对于一切事物，念念不住，即是无缚。这就是以无住为本。

"善知识，外离一切事相，名为无相。能够远离外相，则法体清净，这就是以无相为体。善知识，对于诸多的外境，心不染著，叫做无念。也就是于自己念头上，恒常远离诸外境，不于境上生心动念。如果只是百物不思，将所有念头全部除掉，心念一绝，就会死亡，到别处转生，这是一种大错特错的想法。学道者应当仔细思量，如果不识佛法真意，自己犯错犹可，更去劝导他人。自己心迷，不见大道，又去诽谤佛经，所以必须以无念为宗。

"善知识，为什么立无念为宗？只是因为口中说已经见性、实际上并未悟道的迷人，对于外境有念，在念上生起邪见，一切尘劳妄想，都是由此而生，自性本空，没有一法可以得到，若以为有所得，妄说祸福，即是尘劳邪见，是故这一法门立无念为宗。善知识，说无，无何事？言念，念何物？无，是指无分别二相，无种种尘劳妄想；念，指念真如本性，真如是念的本体，念是真如的作用。真如自性生起正念，非眼、耳、鼻、舌能念，真如有自性，所以能够起念，真如如果没有，眼耳及所见闻的色声当时就会坏死。

"善知识，真如自性生起正念，眼、耳、鼻、舌、身、意六根虽然有见闻觉知的功用，而不染著万境，因而真性恒常自在，所以经云：'善于分别种种法相，对于至高无上的第一义而坚持不动。'

教授坐禅第四

师示众云:"善知识,何名坐禅?此法门中无障无碍,外于一切善恶境界,心念不起,名为坐;内见自性不动,名为禅。善知识,何名禅定?外离相为禅,内不乱为定。外若著相,内心即乱;外若离相,心即不乱。本性自净自定,只为见境思境即乱;若见诸境心不乱者,是真定也。善知识,外离相即禅,内不乱即定。外禅内定,是为禅定。《净名经》云:'即时豁然,还得本心。'①《菩萨戒经》云:'我本性元自清净。'②善知识,于念念中,自见本性清净,自修自行,自成佛道。

"然此门坐禅,元不著心,亦不著净,亦不是不动。若言著心,心元是妄。知心如幻,故无所著也。若言著净,人性本净。由妄念故,盖覆真如。但无妄想,性自清净。起心著净,却生净妄③。妄无处所,著者是妄。净无形相,却立净相,言是工夫。作此见者,障自本性,却被净缚。

"善知识,若修不动者,但见一切人时,不见人之是非、善恶、过患,即自性不动。善知识,迷人身虽不动,开口便说他人是非、长短、好恶,与道违背。若著心著净,却障道也。"

[注释]

①即时豁然,还得本心:出自《维摩诘经·弟子品》,参见前注。此句宗宝本无,其义是说明顿悟,与此处上下文并无关联,当是后人受前文二经并引影响,误将此句衍入。

②我本性元自清净:参见前注。此处《悟法传衣第一》作"我本元自性清净",这里却改作"我本性元自清净",当是六祖随意转经、依义不依语的范例。

③净妄:性本清净,无染无妄,如果贪求于净,这种贪求、执著的心就是妄心,求净就变成求染,求真却成起妄。

[译文]

大师告知众人:"善知识,什么叫做坐禅?我这种法门中,无障无碍,外于一切善恶境界,不起心,不动念,名为坐;内见自性不动,名为禅。善知识,什么叫做禅定?外离事相为禅,内心不乱为定。外若执著事相,内心即乱;外若远离事相,心即不乱。本性自然清净,自然在定,只是因为见到外境,思念外境,才会生乱;如果见到外境心中不乱,就是真定。善知识,外离相即禅,内不乱即定。外禅内定,是为禅定。《菩萨戒经》说:'我的本性本来是清净的。'善知识,在每一个念头中,自见本性清净,自修自行,自成佛道。"

"我们这一宗门坐禅,本来就不看心,也不看净,也不是不动。如果强调看心,心本来是虚妄不实的,了知心如幻化的假象的道理,所以无所看。如果说是看净,人性本净,由于妄念的缘故,覆盖了真如;只要没有妄想,人性自然清净。起心看净,却又产生了对于净相的妄想,妄想本来没有处所,观看便是虚妄,清净本来没有形相,却又建立净相,说观心看净就是功夫。持这种见解的人,覆障了自己本性,却又被净相所缚。

"善知识,如果真是修习不动的人,只要看见一切人之时,不见人的是非善恶过错,即是自性不动。善知识,迷人身体虽然不动,开口便说他人是非长短好恶,与道违背。如果看心看净,即是覆障大道,反而成了修行的障碍。"

传香忏悔第五

时大师见广、韶洎四方士庶,骈集①山中听法,于是升座告众曰:"善知识,此事须从自性中起。于一切时念念自净其心,自修自行,见自己法身,见自心佛,自度自戒,始得不假到此。既从远来,一会于此,皆共有缘。今可各各胡跪②。先为传自性五分法身香,次授无相忏悔。"众胡跪。

师曰:"一戒香。即自心中,无非无恶,无嫉妒,无贪嗔,无劫害,名戒香。二定香。即睹诸善恶境相,自心不乱,名定香。三慧香。自心无碍,常以智慧观照自性,不造诸恶。虽修众善,心不执著。敬上念下,矜恤③孤贫,名慧香。四解脱香。即自心无所攀缘④,不思善,不思恶,自在无碍,名解脱香。五解脱知见香。自心既无所攀缘善恶,不可沉空守寂。即须广学多闻,识自本心,达诸佛理,和光接物,无我无人,直至菩提,真性不易,名解脱知见香。善知识,此香各自内薰,莫向外觅。

"今与汝等授无相忏悔,灭三世罪,令得三业⑤清净。善知识,各随语一时道:弟子等,从前念今念及后念,念念不被愚迷染。从前所有恶业愚迷等罪,悉皆忏悔,愿一时消灭,永不复起。弟子等,从前念今念及后念,念念不被憍诳⑥染。从前所作恶业憍诳等罪,愿一时消灭,永不复起。弟子等,从前念今念及后念，念念不被嫉妒染。所有恶业嫉妒等罪，悉皆忏悔。愿一时消灭，永不复起。

"善知识，已上是为无相忏悔。云何名忏？云何名悔？忏者，忏其前愆。从前所有恶业，愚迷、憍诳、嫉妒等罪，悉皆尽忏，永不复起，是名为忏。悔者，悔其后过。从今以后所有恶业，愚迷、憍诳、嫉妒等罪，今已觉悟，悉皆永断，更不复作，是名为悔。故称忏悔。凡夫愚迷，只知忏其前愆，不知悔其后过。以不悔故，前愆不灭，后过又生。前愆既不灭，后过复又生，何名忏悔！

"善知识，既忏悔已，善知识发四弘誓愿[7]，各须用心正听：自心众生无边誓愿度，自心烦恼无边誓愿断，自性法门无尽誓愿学，自性无上佛道誓愿成。善知识，大家岂不道众生无边誓愿度。恁么道，且不是惠能度。善知识，心中众生，所谓邪迷心，诳妄心，不善心，嫉妒心，恶毒心，如是等心，尽是众生。各须自性自度？是名真度。何名自性自度？即自心中，邪见、烦恼、愚痴众生，将正见度。既有正见，使般若智打破愚痴迷妄众生，各各自度。邪来正度，迷来悟度，愚来智度，恶来善度。如是度者，名为真度。又烦恼无边誓愿断。将自性般若智，除却虚妄思想心是也。又法门无尽誓愿学。须自见性，常行正法，是名真学。又无上佛道誓愿成。既常能下心[8]，行于真正，离迷离觉，常生般若；除真除妄，即见佛性，即言下佛道成。常念修行是愿力法。

"善知识，今发四弘愿了，更与善知识授无相三归依戒。善知识，归依觉，二足尊[9]；归依正，离欲尊；归依净，众中尊。从今日去，称觉为师，更不归依邪魔外道。以自性三宝常自证明。劝善知识，归依自性三宝。佛者，觉也。法者，正也。僧者,净也。自心归依觉,邪迷不生,少欲知足,能离财色,名二足尊。自心归依正,念念无邪见。以无邪见故,即无人我贡高[10],贪爱执著,名离欲尊。自心归依净,一切尘劳,爱欲境界,自性皆不染著,名众中尊。若修此行,是自归依。凡夫不会,从日至夜,受三归戒。若言归依佛,佛在何处;若不见佛,凭何所归,言却成妄。

"善知识,各自观察,莫错用心。经文分明,言自归依佛,不言归依他佛。自佛不归,无所依处。今既自悟,各须归依自心三宝。内调心性,外敬他人,是自归依也。

"善知识,既归依自三宝竟,各各志心,吾与说一体三身自性佛,令汝等见三身了然,自悟自性。总随我道:于自色身[11],归依清净法身[12]佛;于自色身,归依千百亿化身[13]佛;于自色身,归依圆满报身[14]佛。善知识,色身是舍宅,不可言归,向者三身佛在自性中。世人总有为自心迷,不见内性,外觅三身如来,不见自身中有三身佛。汝等听说,令汝等于自身中见自性有三身佛。此三身佛从自性生,不从外得。

"何名清净法身?世人性本清净,万法从自性生。思量一切恶事,即生恶行。思量一切善事,即生善行。如是诸法,在自性中,如天常清,日月常明,为浮云盖覆,上明下暗,忽遇风吹云散,上下俱明,万象皆现。世人性常浮游,如彼天云。菂善知识,智如日,慧如月,智慧常明。于外著境,被妄念浮云盖覆自性,不得明朗。若遇善知识,闻真正法,自除迷妄,内外明彻,于自性中万法皆现。见性之人,亦复如是。此名清净法身佛。

"善知识,自心归依自性,是归依真佛。自归依者,除却自性中不善心、嫉妒心、憍慢心、吾我心、诳妄心、轻人心、慢人心、邪见心、贡高心及一切时中不善之行,常自见己过,不说他人好恶，是自归依。常须下心普行恭敬，即是见性通达，更无滞碍，是自归依。

"何名千百亿化身？若不思万法，性本如空。一念思量，名为变化。思量恶事，化为地狱；思量善事，化为天堂。毒害化为龙蛇，慈悲化为菩萨。智慧化为上界，愚痴化为下方。自性变化甚多，迷人不能省觉。念念起恶，常行恶道。回一念善，智慧即生。此名自性化身佛。

"何名圆满报身？譬如一灯能除千年暗，一智能灭万年愚。莫思向前，已过不可得。常思于后，念念圆明，自见本性。善恶虽殊，本性无二。无二之性，名为实性。于实性中，不染善恶。此名圆满报身佛。自性起一念恶，灭万劫善因。自性起一念善，得恒沙恶尽。直至无上菩提，念念自见，不失本念，名为报身。

"善知识，从法身思量，即是化身佛。念念自性自见，即是报身佛。自修自性功德，是真归依。皮肉是色身，色身是舍宅，不言归依也。但悟自性三身，即识自性佛。吾有一无相颂，若能诵持，言下令汝积劫迷罪，一时消灭。颂曰：

  迷人修福不修道，只言修福便是道。
  布施供养福无边，心中三恶⑮元来造。
  拟将修福欲灭罪，后世得福罪还在。
  但向心中除罪缘，各自性中真忏悔。
  忽悟大乘真忏悔，除邪行正即无罪。
  学道常于自性观，即与诸佛同一类。
  吾祖惟传此顿法，普愿见性同一体。
  若欲当来觅法身，离诸法相心中洗。
  努力自见莫悠悠⑯，后念忽绝⑰一世休。
  若悟大乘得见性，虔恭合掌至心求。"

师言:"善知识,总须诵取。依此修行,言下见性,虽去吾千里,如常在吾边。于此言下不悟,即对面千里,何勤远来?珍重好去。"

一众闻法,靡不开悟,欢喜奉行。

[注释]

①骈集:聚集。

②胡跪:右膝着地,左膝竖立的跪法,因其原是印度胡人的礼节,所以称为胡跪。

③矜恤:怜悯体恤的意思。

④攀缘:原指猿猴依附攀援树木,佛教用于比喻心随境转、依附外境。

⑤三业:指身业、口业、意业。身业即身体行动所造的业行;口业指口中言语所造的业行;意业即心中思虑所起的杂念。

⑥憍诳:骄慢虚诳的意思。

⑦四弘誓愿:大乘佛教所发的四种弘大誓愿,有多种说法,六祖所引是其中比较通用的一种,然而六祖又在每句前加上"自性"、"自心"等,创造性地改变了其原意,从利他转向自利,度他变成自度。

⑧下心:去掉骄慢,虚心谦下。

⑨二足尊:各种生命中以具有两足的人和天神最为尊贵,两足的生命中又以佛最为尊贵,因此众生之中,佛为至尊。又说佛福德智慧具足,故称为二足尊。

⑩贡高:自高自大的意思。

⑪色身:人身是由地、水、火、风四大所造的具有形色的肉身,故称色身。

⑫法身:佛三身之一,又称"法性身"、"自性身"。法性是宇宙万物的根本,不动不变,不生不灭,本来清净。以法性为身的法身是佛三身中最重要、最根本的。

⑬化身:佛三身之一,又称应身。佛根据众生不同的根机和需求,而变现出种种不同的身形,应机说法度众,故有千百亿无量无边的应化身。

⑭报身：佛三身之一，是诸佛由于福慧具足、功德圆满而成就的证得佛果之身，也是自受用法喜充满之身。六祖对三身说进行了创造性的发展，使之成为众生自己具足的三身，不再单指外在的佛身。

⑮三恶：指贪、嗔、痴三毒恶业。

⑯悠悠：虚度光阴，无所事事。

⑰后念忽绝：指死亡。人生时念念相续，后念断绝，即精神断灭，生命终止。

[译文]

其时大师见广州、韶州以及四面八方的士民都前来聚集山中听法，于是升高座，告诉众人说："各位善知识，你们都请过来。此修行大事，必须从自性中始起。在所有时刻，于每一念中自净其心，自修自行，见自己法身，见自己心中之佛，自我度脱，自己持戒，如此始得不用到我这里来。你们既然从远方来，至此相会，都是有缘之人，今日可以各自依西方印度的礼拜方式跪下，我先为你们传授自性五分法身香，再传授无相忏悔法。"众人都依礼跪下。

大师道："一是戒香，即是自己心中无非无恶，无嫉妒，无贪欲嗔怒，无劫夺伤害，名为戒香。二是定香，即虽然目睹种种善恶境相，自心不乱，名为定香。三是慧香，自心没有障碍，常用智慧观照自性，不造种种恶行。虽然修行众多善事，心中却不对之产生执著，不自以为了不起，敬上怜下，体恤孤贫，名为慧香。四是解脱香，即自心不攀缘外境，不思善，不思恶，自在无碍，名为解脱香。五是解脱知见香，自心既然无所攀缘，善恶都不思量，却不可沉溺虚空，枯守死寂，还须广泛学习各种知识，增长见闻，认识到自己的本心，通达佛理，和光同尘，待人接物，对于自我和他人都不执著，直至获得菩提正觉，真性永不改易，名为解脱知见香。善知识，这五种香必须各自向内熏习，不要向外求觅。

"如今再为你们授无相忏悔，灭除过去、现在、未来三世罪孽，让你们的身、口、意三业都得到清净。善知识，你们都随我说，一起道：弟子们都随从，前念今念及后念，念念不被愚迷染。从前所有恶业，愚痴、迷惑等罪过，全都忏悔，愿它们一时消灭，永不复起。弟子们都随从，前念今念及后念，念念不被㤭诳染。从前所有恶业，骄慢自大、自吹虚诳等罪过，全都忏悔，愿它们一时消灭，永不复起。弟子们都随从，前念今念及后念，念念不被嫉妒染。从前所有恶业，嫉妒害人等罪过，全都忏悔，愿它们一时消灭，永不复起。

"善知识，以上就是无相忏悔。什么叫忏？什么叫悔？忏，即是忏以前的罪愆，从前所有恶业，愚痴、迷惑、骄慢、虚诳、嫉妒等罪过，全都尽忏，永不复起，这就叫忏。悔，就是悔后来的罪过，从今以后，所有恶业，愚痴、迷惑、骄慢、虚诳、嫉妒等罪过，如今已然觉悟，全都永远断除，再不复起，这就叫悔。所以称为忏悔。凡夫愚笨迷惑，只知道忏以前的过愆，不知道悔以后的过失，由于不悔，以前的罪还没有消灭，后面的过错又产生了。前面的罪恶既然不灭，后边的过错复又生起，怎么称得上忏悔？

"善知识，既然忏悔过了，和你们一起发四弘誓愿。每人都须用心真听：自心众生无边誓愿予以度脱，自心烦恼无边誓愿全部断除，自性法门无尽誓愿努力学习，自性佛道无上誓愿得以成就。善知识，大家岂不道众生无边无数誓愿予以度脱？这么说，就不是惠能来度你们。善知识，自己心中的众生，即所谓邪迷心，诳妄心，不善心，嫉妒心，恶毒心，如此等心，都是众生，各须依靠自性自己来度，这才叫真度。什么叫自性自度？即对于自己心中的邪见、烦恼、愚痴等众生，用正见来度。既然有了正见，使般若智慧打破心中的愚痴、迷惑、虚妄等众生，各自度脱，邪来正度，迷来悟度，愚来智度，恶来善度，如此度脱，名为真度。又烦恼无边无量誓愿予以断除，即是用自性般若除掉虚妄思虑的心。又法门众多无尽誓愿学习，必须自己见到本性，恒常修行正法，这才叫真学。又佛道至高无上，誓愿成就证得，既然时常能够下定决心，修行真正法门，远离迷惑与觉悟两边，除掉真实与虚妄二见，即明见佛性，即于言下成就佛道。应当常思修行这种愿力法门。

"善知识，如今已经发了四弘誓愿，更为你们授无相三归依戒。善知识，归依觉悟，这是两足的人类中的至尊；归依正法，这是种种离欲法门中的至尊；归依清净，这是众生中的至尊。从今日以后，称觉悟为师，不再归依邪魔外道，以自性三宝经常自己证明。劝你们归依自性三宝。三宝之中，佛就是觉，法就是正，僧就是净。自己归依觉悟，邪见迷惑不会产生，欲望减少，常知满足，能够远离财物、色欲，名为两足的人类中的至尊。自心归依正法，念念不生邪见，由于没有邪见，则没有对他人和自我的分别，没有自高自大、贪爱、执著，名为远离欲望法门中的至尊。自心归依清净，对于一切尘劳爱欲所现的境界，自性都不对之沾染执著，名为众生中的至尊。如果修习此行，即是自归依。凡夫愚人不会正理，从日至夜，受归依外在三宝的三归依戒。如果说归依佛，佛在何处？如果见不到佛，凭什么说归依了佛？说归依佛，却成了妄语。

"善知识，各自观察，不要错用心，经文分明说自归依佛，不说归依其他的佛。连自性佛都不归依，就无所归依。今天你们既然自悟，各自必须归依自心三宝，于内调和心性，于外敬重他人，这就是自归依。

"善知识，既然已经归依自心三宝，各自专心听，我为你们说一体三身自性佛，让你们见到三身，了然自悟自性，都随我说：于自己色身归依清净法身佛，于自己色身归依圆满报身佛，于自己色身归依千百亿化身佛。善知识，色身等于是房舍，不可说归依色身，刚才说的三身佛，在自性中，世人都有，因为自己心迷，不见内里自性，外求三身如来，不见自身中有三身佛。你们听我说，让你们在自身中见到自性有三身佛。此三身佛，从自性中生，不从外边求得。

"什么叫清净法身佛？世人自性本来清净，万法都从自性中产生，思量一切恶事，即生恶行，思量一切善事，即生善行。如此万法在自性中，就如天空常清，日月常明，由于被浮云覆盖，上边虽明，下边却暗，忽然风吹云散，上下都明，万象尽现。世人的心性常常浮游不定，就像天上的云彩。善知识，智如日，慧如月，智慧常明，如果自心执著于外境，就被自念浮云覆盖了自性，不能明朗。如果遇到善知识，闻到真正法门，自除心中迷惑虚妄的念头，内外明彻，在自性中万法都呈现了出来。见性的人，也是这样，这叫清净法身佛。

"善知识，自心归依自性，是归依真佛，所谓自归依，就是除去自性中不善心、嫉妒心、谄媚心、自私心、诳骗心、轻视心、怠慢心、邪见心、高傲心，以及一切时中不善的行为，经常自己认识到自己的过错，不说他人的是非好恶，就是自归依。必须经常怀谦下之心，普遍恭敬一切人，即是见性通达，没有滞碍，就是自归依。

"什么叫做千百亿化身？如果对万法都不思量，自性本来如同虚空，一念思量，名为变化。思量坏事，化为地狱；思量好事，化为天堂。毒害化为毒龙恶蛇，慈悲化为菩萨大士；智慧化为上界天堂，愚痴化为下界地狱。自性变化很多，迷惑的人不能醒悟觉察，常常生起恶念，所以经常轮回于地狱畜生等恶道。一时回心，生起善念，智慧就会产生，这就叫自性化身佛。

"什么叫做圆满报身？譬如一明灯能除去千年黑暗，一智慧能灭除万年愚昧，不要总是思量以前的事，因为过去已经过去，不可再得，要经常思考以后，念念圆满明白，自见自己的本性。人虽然善恶有别，本性却是一体无二，无二的本性，名为实性。于实性中，没有善恶，这就叫圆满报身佛。自性生起一个恶念，灭除万劫积累的善因；自性生起一个善念，像恒河沙粒一样多的恶行尽去无余，直到得到无上菩提觉悟，念念自见本性，不失去根本念头，名为报身。

"善知识，从法身思量，即是化身佛，每一念中，自见自己本性，即是报身佛。自悟自修，开悟修证自性本体及其本具的功德作用，是真归依。皮肉之身是色身，色身只是自性的房舍，不能说归依房舍。只要觉悟自性三身，即能得识自性佛。我有一个无相颂，如果能够记诵受持，言下便能开悟，使你们多劫积累的迷惑罪过一时消灭。颂如下：

迷人只修福德不修大道，还说修行福报就是修道。
布施供养虽有无边福德，心中种种恶业本来已造。
想用修来福报除灭罪过，后世得福罪过却未减少。
只要自己心中除去罪因，各于自性之中真正忏悔。
忽然悟到大乘真正忏悔，除邪见行正道便即无罪。
学道者应经常观察自性，如此就与诸佛等同一类。
祖师们惟传此顿教法门，普愿众生见性与之一体。
如果想要将来寻觅法身，远离法相心中清净如洗。
自见本性切莫虚度岁月，后念忽绝一生已然罢休。
要想悟解大乘得见本性，虔恭合掌于自心中追求。"

大师道："善知识，你们都要背诵这一无相颂，依此修行，言下便明见自性，虽然离我迢迢千里，却如经常在我身边。如果于此言下不能解悟，即是对面千里，近在眼前，等于远在天边。何用辛苦远来？你们各自珍重，走好！"

法会中的大众闻法，无不开悟，心得欢喜，都努力奉行大师所传教法。

参请机缘第六

师自黄梅得法，回至韶州曹侯村，人无知者。有儒士刘志略，礼遇甚厚。志略有姑为尼，名无尽藏，常诵《大涅槃经》。师暂听，即知妙义，遂为解说。尼乃执卷问字。师曰："字即不识，义即请问。"尼曰："字尚不识，曷能会义？"师曰："诸佛妙理，非关文字。"尼惊异之。遍告里中耆德①，云此是有道之士，宜请供养。有晋武侯玄孙曹叔良及居民竞来瞻礼。时宝林古寺，自隋末兵火已废，遂于故基重建梵宇②，延师居之，俄成宝坊③。师住九月余日，又为恶党寻逐。师乃遁于前山，被其纵火焚烧草木，师隐身入石中得免。石于是有师跌坐膝痕及衣布之纹，因名避难石。师忆五祖怀会止藏之嘱，遂行，隐于二邑焉。

一僧法海④，韶州曲江人也。初参祖师，问曰："即心即佛，愿垂指谕。"师曰："前念不生即心，后念不灭即佛。成一切相即心，离一切相即佛。吾若具说，穷劫不尽。听吾偈曰：

  即心名慧，即佛乃定。
  定慧等等⑤，意中清净。
  悟此法门，由汝习性。
  用本无生，双修是正。"

法海言下大悟，以偈赞曰：

即心元是佛，不悟而自屈。

我知定慧因，双修离诸物。

僧法达，洪州人⑥。七岁出家，常诵《法华经》⑦。来礼祖师，头不至地。师诃曰："礼不投地，何如不礼！汝心中必有一物，蕴习⑧何事耶？"曰："念《法华经》，已及三千部。"师曰："汝若念万部，得其经意，不以为胜，则与吾偕行⑨。汝今负此事业⑩，都不知过。听吾偈曰：

礼本折慢幢，头奚不至地？

有我罪即生，亡功福无比。"

师又曰："汝名什么？"曰："法达。"师曰："汝名法达，何曾达法？"复说偈曰：

汝今名法达，勤诵未休歇。

空诵但循声，明心号菩萨。

汝今有缘故，吾今为汝说。

但信佛无言，莲华从口发。

达闻偈悔谢曰："而今而后，当谦恭一切。弟子诵《法华经》，未解经义，心常有疑。和尚智慧广大，愿略说经中义理。"师曰："法达，法即甚达，汝心不达。经本无疑，汝心自疑。汝念此经，以何为宗？"达曰："学人根性暗钝，从来但依文诵念，岂知宗趣？"师曰："吾不识文字，汝试取经诵之一遍，吾当为汝解说。"法达即高声念经，至《譬喻品》，师曰："止。此经元来以因缘出世为宗。纵说多种譬喻，亦无越于此。何者因缘？经云：诸佛世尊，惟以一大事因缘故，出现于世。一大事者，佛之知见也。世人外迷著相，内迷著空。若能于相离相，于空离空，即是内外不迷。若悟此法，一念心开，是为开佛知见。佛犹觉也。分为四门。开觉知见，示觉知见，悟觉知见，入觉知见。若闻开示，便能悟入，即觉知见本来真性而得出现。汝慎勿错解经意，见他道开示悟入，自是佛之知见，我辈无分。若作此解，乃是谤经毁佛也。彼既是佛，已具知见，何用更开！汝今当信，佛知见者，只汝自心，更无别佛。盖为一切众生自蔽光明，贪爱尘境，外缘内扰，甘受驱驰。便劳他世尊从三昧起，种种苦口，劝令寝息，莫向外求，与佛无二。故云开佛知见。吾亦劝一切人，于自心中常开佛之知见。世人心邪，愚迷造罪，口善心恶，贪嗔嫉妒，谄佞我慢，侵人害物，自开众生知见。若能正心，常生智慧，观照自心，止恶行善，是自开佛之知见。汝须念念开佛知见，勿开众生知见。开佛知见，即是出世；开众生知见，即是世间。汝若但劳劳⑪执念以为功课者，何异牦牛爱尾⑫？"达曰："若然者，但得解义，不劳诵经耶？"师曰："经有何过，岂障汝念？只为迷悟在人，损益由己。口诵心行，即是转经⑬。口诵心不行，即是被经转。听吾偈曰：

　　心迷《法华》转，心悟转《法华》。
　　诵经久不明，与义作仇家。
　　无念念即正，有念念成邪。
　　有无俱不计，长御白牛车。"

达闻偈，不觉悲泣，言下大悟，而告师曰："法达从昔已来，实未曾转《法华》，乃被《法华》转。"再启曰："经云：诸大声闻，乃至菩萨，皆尽思共度量，不能测佛智。今令凡夫但悟自心，便名佛之知见。自非上根，未免疑谤。又经说三车，羊鹿之车与白牛之车，如何区别？愿和尚再垂开示。"师曰："经意分明，汝自迷背。诸三乘人不能测佛智者，患在度量也。饶伊尽思共推，转加悬远。佛本为凡夫说，不为佛说。此理若不肯信者，从他退席。殊不知坐却白牛车，更于门外觅三车。况经文明向汝道，惟一佛乘，无有余乘，若二若三，乃至无数方便，种种因缘，譬喻言词，是法皆为一佛乘故。汝何不省，三车是假，为昔时故；一乘是实，为今时故。只教汝去假归实。归实之后，实亦无名。应知所有珍财，尽属于汝，由汝受用，更不作父想，亦不作子想，亦无用想，是名持《法华经》。从劫至劫，手不释卷，从昼至夜，无不念时也。"达蒙启发，踊跃欢喜，以偈赞曰：

　　经诵三千部，曹溪一句亡。
　　未明出世旨，宁歇累生狂。
　　羊鹿牛权设，初中后善扬⑭。
　　谁知火宅⑮内，元是法中王。

师曰："汝今后方可名念经僧也。"达从此领玄旨，亦不辍诵经。

僧智通，寿州安丰⑯人。初看《楞伽经》⑰约千余遍，而不会三身四智⑱，礼师求解其义。师曰："三身者，清净法身，汝之性也；圆满报身，汝之智也；千百亿化身，汝之行也。若离本性，别说三身，即名有身无智。若悟三身无有自性，即名四智菩提。听吾偈曰：

　　自性具三身，发明成四智。
　　不离见闻缘，超然登佛地。
　　吾今为汝说，谛信永无迷。
　　莫学驰求者，终日说菩提。"

通再启曰："四智之义，可得闻乎？"师曰："既会三身，便明四智，何更问耶？若离三身，别谈四智，此名有智无身也。即此有智，还成无智。"复偈曰：

　　大圆镜智性清净，平等性智心无病。
　　妙观察智见非功⑲，成所作智同圆镜。

五八六七果因转[20]，但用名言无实性。

　　若于转处不留情[21]，繁兴永处那伽定[22]。

　（如上转识为智也，教中云：转前五识为成所作智，转第六识为妙观察智，转第七识为平等性智，转第八识为大圆镜智。虽六七因中转，五八果上转，但转其名而不转其体也。）

　通顿悟性智，遂呈偈曰：

　　三身元我体，四智本心明。

　　身智融无碍，应物任随形。

　　起修皆妄动，守住匪真精。

　　妙旨因师晓，终亡染污名。

　僧智常，信州贵溪[23]人。髫年[24]出家，志求见性。一日参礼，师问曰："汝从何来，欲问何事？"曰："学人近往洪州白峰山，礼大通和尚[25]，蒙示见性成佛之义。未决狐疑，远来投礼。伏望和尚慈悲指示。"师曰："彼有何言句，汝试举看。"曰："智常到彼，凡经三月，未蒙示诲。为法切故，一夕独入丈室，请问如何是智常本心性。大通乃曰：'汝见虚空否？'对曰：'见。'彼曰：'汝见虚空有相貌否？'对曰：'虚空无形，有何相貌。'彼曰：'汝之本性，犹如虚空。返观自性，了无一物可见，是名正见。了无一物可知，是名真知。无有青黄长短，但见本源清净，觉观圆明，即名见性成佛，亦名极乐世界，亦名如来知见。'学人虽闻此说，犹未决了。乞和尚开示。"师曰："彼师所说，犹存见知，故令汝未了。吾今示汝一偈：

　　不见一法存无见，大似浮云遮日面。

　　不知一法守空知，还如太虚生闪电。

　　此之知见瞥然[26]兴，错认何曾解方便？

　　汝当一念自知非，自己灵光常显现。"

常闻偈已，心意豁然，乃述偈曰：

无端起知见，著相求菩提。

情存一念悟，宁越昔时迷？

自性觉源体，随照枉迁流。

不入祖师室，茫然趣两头㉗。

智常一日问师曰："佛说三乘法，又言最上乘。弟子未解，愿为教授。"师曰："汝观自本心，莫著外法相。法无四乘，人心自有等差。见闻转诵，是小乘。悟法解义，是中乘。依法修行，是大乘。万法尽通，万法俱备，一切不染，离诸法相，一无所得，名最上乘。乘是行义，不在口争。汝须自修，莫问吾也。一切时中，自性自如。"常礼谢，执侍终师之世。

僧志道，广州南海㉘人也。请益曰："学人自出家，览《涅槃经》十载有余，未明大意。愿和尚垂诲。"师曰："汝何处未明？"曰："诸行无常，是生灭法。生灭灭已，寂灭为乐。于此疑惑。"师曰："汝作么生疑？"曰："一切众生皆有二身，谓色身、法身也。色身无常，有生有灭。法身有常，无知无觉。经云生灭灭已、寂灭为乐者，不审何身寂灭？何身受乐？若色身者，色身灭时，四大分散，全然是苦，苦不可乐。法身寂灭，即同草木瓦石，谁当受乐？又法性是生灭之体，五蕴是生灭之用。一体五用，生灭是常。生则从体起用，灭则摄用归体。若听更生，即有情之类不断不灭。若不听更生，则永归寂灭，同于无情之物。如是则一切诸法被涅槃之所禁伏，尚不得生，何乐之有？"师曰："汝是释子，何习外道断常邪见，而议最上乘法？据汝所说，即色身外别有法身，离生灭求于寂灭。又推涅槃常乐言有身受用（一作"者"），斯执吝生死，耽著世乐。汝今当知，佛为一切迷人认五蕴和合为自体相，分别一切法为外尘相，好生恶死，念念迁流，不知梦幻虚假，枉受轮回，以常乐涅槃翻为苦相，终日驰求。佛愍此故，乃示涅槃真乐，刹那无有生相，刹那无有灭相，更无生灭可灭，是则寂灭现前。当现前时，亦无现前之量，乃谓常乐。此乐无有受者，亦无不受者，岂有一体五用之名！何况更言涅槃禁伏诸法，令永不生！斯乃谤佛毁法。听吾偈曰：

  无上大涅槃，圆明常寂照。
  凡愚谓之死，外道执为断。
  诸求二乘人，目以为无作。
  尽属情所计，六十二见㉙本。
  妄立虚假名，何为真实义？
  惟有过量人，通达无取舍。
  以知五蕴法，及以蕴中我，
  外现众色象，一一音声相，
  平等如梦幻。不起凡圣见，
  不作涅槃解。二边三际㉚断，
  常应诸根用，而不起用想，
  分别一切法，不起分别想。
  劫火烧海底，风鼓山相击。
  真常寂灭乐，涅槃相如是。
  吾今强言说，令汝舍邪见。
  汝勿随言解，许汝知少分。"

志道闻偈大悟，踊跃作礼而退。

  行思禅师㉛，姓刘氏，吉州安城㉜人也。闻曹溪法席盛化，径来参礼。遂问曰："当何所务，即不落阶级？"师曰："汝曾作甚么来？"曰："圣谛尚不为，何阶级之有？"师深器之。令思首众。一日师谓曰："汝当分化一方，无令断绝。"思既得法，遂回吉州青原山，弘法绍化。谥弘济禅师。

怀让禅师㉝，金州㉞杜氏子也。初谒嵩山安国师㉟。安发之曹溪参扣㊱。让至礼拜。师曰："甚处来？"曰："嵩山。"师曰："甚么物，恁么来？"曰："说似一物即不中。"师曰："还可修证否？"曰："修证即不无，污染即不得。"师曰："只此不污染，诸佛之所护念。汝既如是，吾亦如是。西天般若多罗谶汝足下出一马驹，踏杀天下人，应在汝心，不须速说。"让豁然契会。遂执侍左右一十五载，日益玄奥。后往南岳，大阐禅宗。（让后得马祖，卒应西天之识。）

永嘉玄觉㊲禅师，温州戴氏子。少习经论，精天台止观法门。因看《维摩经》，发明心地。偶师弟子玄策㊳相访，与其剧谈㊴，出言暗合诸祖。策云："仁者得法师谁？"曰："我听方等经论，各有师承。后于《维摩经》悟佛心宗，未有证明者。"策云："威音王㊵已前即得。威音王已后，无师自悟，尽是天然外道。"曰："愿仁者为我证据。"策云："我言轻。曹溪有六祖大师。四方云集，并是受法者。若去，则与偕行。"觉遂同策来参，绕师三匝，振锡而立。师曰："夫沙门者，具三千威仪㊶，八万细行㊷。大德自何方而来，生大我慢？"觉曰："生死事大，无常迅速。"师曰："何不体取无生，了无速乎？"曰："体即无生，了本无速。"师曰："如是，如是。"玄觉方具威仪礼拜，须臾告辞。师曰："返太速乎？"曰："本自非动，岂有速耶？"师曰："谁知非动？"曰："仁者自生分别。"师曰："汝甚得无生之意。"曰："无生岂有意耶？"师曰："无意谁当分别？"曰："分别亦非意。"师曰："善哉，少留一宿。"时谓一宿觉。后著《证道歌》，盛行于世。

禅者智隍,初参五祖,自谓已得正受,庵居长坐,积二十年。师弟子玄策游方至河朔,闻隍之名,造庵问云:"汝在此作什么?"隍云:"入定。"策云:"汝云入定,为有心入耶,无心入耶?若无心入者,一切无情,草木瓦石,应合得定。若有心入者,一切有情,含识之流,亦应得定。"隍曰:"我正入定时,不见有有无之心。"策云:"不见有有无之心,即是常定。何有出入?若有出入,即非大定。"隍无对,良久问曰:"师嗣谁耶?"策云:"我师曹溪六祖。"隍云:"六祖以何为禅定?"策云:"我师所说,妙湛圆寂,体用如如。五阴本空,六尘非有。不出不入,不定不乱。禅性无住,离住禅寂;禅性无生,离生禅想。心如虚空,亦无虚空之量。"隍闻是说,径来谒师。师问云:"仁者何来?"隍具述前缘。师云:"诚如所言。汝但心如虚空,不著空见,应用无碍,动静无心,凡圣情忘,能所俱泯,性相如如,无不定时也。"隍于是大悟。二十年所得心,都无影响。其夜河北士庶,闻空中有声云:"隍禅师今日得道。"隍后礼辞,复归河北,开化四众。

一僧问师云:"黄梅意旨,甚么人得?"师云:"会佛法人得。"僧云:"和尚还得否?"师云:"我不得。"僧云:"和尚为什么不得?"师云:"我不会佛法。"

师一日欲濯所授之衣,而无美泉。因至寺后五里许,见山林郁茂,瑞气盘旋。师振锡卓地,泉应手而出,积以为池,乃跪膝浣衣石上。忽有一僧来礼拜云:"方辩是西蜀人。昨于南天竺国见达摩大师,嘱方辩速往唐土:吾传大迦叶正法眼藏[43]及僧伽梨[44],见传六代于韶州曹溪,汝去瞻礼。方辩远来,愿见我师传来衣钵。"师乃出示。次问:"上人攻何事业?"方辩曰:"善塑。"师正色曰:"汝试塑看。"方辩罔措。数日塑就真相,可高七寸，曲尽其妙。呈似师。师笑曰："汝只解塑性，不解佛性。"师舒手摩方辩顶，曰："永为人天福田。"

有僧举卧轮禅师㊺偈云：

　　卧轮有伎俩，能断百思想。
　　对境心不起，菩提日日长。

师闻之曰："此偈未明心地。若依而行之，是加系缚。"因示一偈曰：

　　惠能没伎俩，不断百思想。
　　对境心数起，菩提作么长。

[注释]

①耆德：年老而有德行的人。

②梵宇：佛寺的别称。

③宝坊：寺庙的美称。

④法海：六祖大弟子，长期担任首座，并主持记录编订《坛经》。

⑤等等：一作等持（或误作"等待"）。

⑥洪州：治地在今江西南昌。

⑦《法华经》：有多种译本，其中最流行的是鸠摩罗什的七卷本。此经强调将声闻、缘觉、菩萨三乘会归一佛乘，在中国影响很大。

⑧蕴习：长期积学的意思。

⑨偕行：并肩同行，指境界水平相近。

⑩事业：指法达只诵经文、不明经义的行为。

⑪劳劳：苦苦坚持的意思。

⑫牦牛爱尾：出自《法华经·方便品》，牦牛非常爱惜自己的尾巴，对之沉迷不已。

⑬转经：即明了经义，从而自在自主地解释、发挥经文，以我为主，经被我转，与"被经转"相反。

⑭初中后善扬：善于宣扬整个经义，佛教常以最初一句，中间一句，末

后一句代表全经。

⑮火宅：比喻众生所生活的地方，如同着了大火的宅院一样。众生充满欲望，为欲火所烧，所以所在都是火宅。

⑯寿州安丰：即今安徽寿县。

⑰《楞伽经》：属于佛性如来藏一系，有宋译、魏译、唐译等多种译本，禅宗最重视宋译四卷本，早期禅宗还被称为楞伽师。

⑱四智：佛教认为，可以通过修行转八识为四智，转第八识成大圆镜智，转第七识成平等性智，转第六识成妙观察智，转前五识为成所作智。

⑲妙观察智见非功：成就妙观察智之后，可洞见一切，不用再下功夫去认识万物。

⑳五八六七果因转：前五识与第八识只有成就佛果之后才能转成成所作智与大圆镜智，所以称为果上转；第六识和第七识在因位即没有到达佛果之前就可以转为妙观察智和平等性智，所以称为因上转。

㉑不留情：即不产生留念、执著。

㉒繁兴永处那伽定：繁兴即是众缘兴起、杂乱不定的意思，那伽，意译为龙，那伽定，这里指大定、常定。意思是虽处杂染，心性常定。

㉓信州贵溪：在今江西贵溪。

㉔髫年：古时小孩流行从前额垂下一缕头发的发型，叫垂髫，所以髫年即是幼年。

㉕大通和尚：与六祖同时教授禅法的禅师，生平事迹不详。

㉖瞥然：转眼间，表示时间很短。

㉗两头：指两个极端。

㉘广州南海：在今广东佛山。

㉙六十二见：指不信佛教的外道的多种分别邪见，以五蕴为分别的对象，依色法（物质）和心法（精神）为根本。以色、受、想、行、识五蕴为对象，分别生起常、无常、亦常亦非常、非常非无常等见，如此产生二十种见解；又分别生起有边际、无边际、亦有边际亦无边际、非有边际非无边际等见，又成二十种；又分别生起有去来、无去来、亦有去来亦无去来、非有去来非无去来等见，又成二十种；如此共六十见，再加上根本的色、心二见，总为六十

二见。

㉚二边三际：内外两边，代表空间；过去、现在、未来三际，代表时间。

㉛行思：行思（？~741），吉州人，从六祖得法，后到吉州青原山弘法，下出弟子石头希迁，至晚唐起兴起，号称青原系。

㉜吉州安城：在今江西吉安。

㉝怀让：怀让（677~744），金州安康人，从六祖得法，后入南岳弘法，下出马祖道一，门庭兴盛，号称南岳系。

㉞金州：在今陕西安康。

㉟安国师：即慧安（582~709），五祖大弟子，又称老安，六祖师兄。

㊱参扣：参学扣问。

㊲玄觉：玄觉（665或675~713），六祖弟子，初学天台宗教法，后从六祖，一夕得道，号"一宿觉"。

㊳玄策：六祖大弟子，亦精通天台教法。

㊴剧谈：畅谈。

㊵威音王：空劫初成的佛，就是最初的佛。

㊶三千威仪：泛指众多的比丘具足戒外的微细行仪。

㊷八万细行：泛指众多的菩萨戒外的微细行仪。

㊸正法眼藏："正法眼"即根本正法，佛祖心要，这种法藏不属文字，教外别传，禅宗以此表示本宗所传是最根本、最纯正的佛法，也是其他宗派得不到的内传心法。

㊹僧伽梨：佛教出家众穿的三衣之一，用九条布乃至十五条布缝制而成，也称"九条"、"九品大衣"，进王宫和出入城镇村落等重要时候穿用。

㊺卧轮禅师：本名昙伦（546~626），《续高僧传》卷二十有传，为慧可弟子端禅师门人，因提倡卧禅，故号称"卧轮"。

[译文]

大师从黄梅得到大法，回到韶州曹侯村，当地的人无人知道他的真实身份。当时有一个名叫刘志略的儒生，对大师十分礼遇，予以厚待。志略有一个姑姑，出家为尼，法名无尽藏，经常诵读《大涅槃经》。大师一听，当即明白了经中微妙大义，就为无尽藏解说。

无尽藏便手执经卷,问大师经中文字。大师道:"文字我不认识,大义便请你问。"无尽藏说:"文字尚且不认识,如何能够领会经义?"大师道:"诸佛所传妙理,与文字无关。"无尽藏十分惊异,便遍告乡里长老,说这是一个有道之士,应当请来供养。魏武侯曹操的后裔曹叔良以及村中居民都来瞻望礼拜大师。当时的宝林古寺,从隋朝末年就已经为兵火所毁,废弃多年,村民就在宝林寺故基上重建寺院,延请大师居住。很快就修成了一个宝刹,大师在这里住了九个多月,又被坏人寻迹追逐到这里。大师就隐藏到前山,被恶人纵火烧山,草木俱焚,大师无处藏身,便将身体隐藏在山石之中,才得以幸免。如今那处山石中仍有大师跏趺盘腿打坐时留下的膝部痕迹,以及衣服在石上留下的纹路,因此将此石命名为"避难石"。大师回忆起五祖有居住隐藏怀会的嘱咐,就前往怀州四会隐居。

有一僧人,名为法海,是韶州曲江人。初来参礼祖师,问道:"什么是即心即佛,愿请大师指教。"大师道:"前边恶念不生即是心,后面正念不灭即是佛,具足一切事相即是心,远离一切事相即佛。我如果将其道理全部说完,历劫不能穷尽。听我说偈:

　　即心名智慧,即佛乃禅定。
　　定慧等修持,意中常清净。
　　悟解此法门,原由你习性。
　　作用本无生,双修才是正。"

法海言下大悟,也作了一首偈颂,以赞述大师意旨:

　　即心本来就是佛,不悟其理自相屈。
　　我知定慧须相因,双修二法离诸物。

僧人法达,江西洪州人。七岁出家,经常诵念《法华经》,来向祖师礼拜,跪拜时头不挨地。祖师诃斥道:"礼拜时头不挨地,还不如不礼拜!你心中必然有什么东西在作怪,曾经修习过什么?"

法达道："我经常诵念《法华经》，已经念了三千遍了。"六祖道："你如果念经念到一万遍，领悟了经意，并且不以为自己有什么值得骄傲的，就能与我同行。你如今以念经三千遍自负，一点也不知过错，听我的偈颂：

　　礼拜本为除骄慢，拜时头何不至地？

　　心中有我罪即生，不执功德福无比。"

祖师又道："你名叫什么？"法达说："名叫法达。"祖师道："你名法达，何曾通达佛法？"又说一偈：

　　你今法名号法达，勤诵《法华》未停歇。

　　空诵经文只依声，不知明心叫菩萨。

　　你今与我有缘故，我今为你说正法。

　　但信诸佛无言说，莲花自然从口发。

法达闻听偈颂之后，忏悔谢罪道："弟子从今以后，定当谦恭礼遇一切众生。弟子虽然常诵《法华经》，却不理解经义，心中常有疑惑。和尚智慧广大，愿请和尚为我略说经中义理。"祖师道："法达，佛法本来明白通达，只是你心不能通达，佛经本来没有疑惑，只是你心自己生疑。你念此经，可知此经以什么为宗旨？"法达道："学生根性愚钝，从来都是依照文字诵念，哪里知道宗要旨趣呢？"祖师道："我不识文字，你将经拿来，诵读一遍，我为你解说。"法达便高声诵《法华经》，诵到《譬喻品》，祖师道："止住，此经原来以因缘出世为宗旨，纵然说了多种譬喻，都不过是说这一道理。是什么因缘呢？经中说，诸佛世尊唯以一大事因缘故，出现于世。这一个大事，就是指佛的知见。世人对外迷惑，贪著形相，于内迷惑，执著于空，如果能够在相上离相，在空上离空，即是内外不迷。如果能够悟解此法，一念之下，心中开悟，这就是开佛知见。佛是觉悟的意思，分为四门。开显觉知见，示现觉知见，悟解觉知见，证入觉知见。如果一闻开示，便能悟入，即了知觉知见是由自己的本来真性而得以出现的。你千万不要错解经义，见经文中说开、示、悟、入，以为自然是佛的知见，我们这些凡人都没有份。如果持这种见解，就是诽谤经典、毁谤诸佛。他既然是佛，就已经具备了佛的知见，如何用得着再去开显！你今应当相信佛的知见，只是你的自心，再也没有别的佛。只是因为一切众生，自己遮蔽了本性光明，贪爱红尘外境，由此外缘，内扰自心，甘愿受贪欲驱使，这样便劳动诸佛世尊，他们不得不从三昧禅定中出来，种种苦口良言，劝令众生止息贪欲，不向外求，与佛等同无二，所以说开佛知见。我也劝一切人，于自心中时常开佛知见。世人心邪，愚痴迷惑，造种种罪，口说好话，心中却恶，贪欲、嗔怒、嫉妒、谄佞、我慢自大等作怪，侵害生灵，即是自己开显众生知见。如果能够端正自心，就会常生智慧，用智慧观照自心，止恶行善，便是开佛知见。你必须念念开佛知见，不要开众生知见。开佛知见，就是出世净土；开众生知见，即是世间苦海。你如果只是劳劳顽固地执著念经，以此作为功课，何异于牦牛贪爱尾巴，因小失大？"法达道："如果这样，只要理解经义就行，不用诵经了吗？"祖师道："佛经有什么过失，难道佛经会遮蔽你的心吗？只是因为是迷是悟在于本人，有损有益由于自己。口中诵念，心中修行，即是自己转经；口中诵念，心不修行，即是反被经转。听我的偈：

　　心迷却被《法华》转，心悟才能转《法华》。

　　诵经虽久心不明，便与经义成仇家。

　　无念之时念即正，有念之时念成邪。

　　有无两边都不计，出门长驾白牛车。"

　　法达闻听此偈，不觉悲泣，言下大悟，而告诉祖师道："法达从过去以来，确实未曾转《法华》，乃是被《法华》转。"他再启告祖师道："经中说，诸大声闻、阿罗汉乃至菩萨，都尽力思虑，共同度量，不能测知佛智。如今使凡夫俗子，只要悟解自心，便称之为佛的知见,如果不是上根利性,未免产生疑惑,甚至是诽谤。经中又说三车,羊车、鹿车、牛车,这三种车和大白牛车如何区别?愿和尚再为开示。"祖师道:"经义十分明白,你自己却迷惑违背。声闻、缘觉、菩萨三乘人,之所以不能测量佛智,错就错在有心度量。尽管他们尽力思虑,共同推测,反而越来越远。佛本来为凡夫说法,不为诸佛说法。此理如果不肯相信,任从他们礼拜退席。殊不知已经坐上了白牛车,又在门外寻觅三车。何况经文明明向你说,唯有一佛乘,没有其余乘,说二乘三乘,乃至无数方便说法,种种因缘故事,譬喻言词文句,这些都是为了说明一佛乘。你为何不明白,三车是假说,因为昔日未悟之时的缘故而立;一乘是真实,是为如今已悟之时的缘故而说。只为教你去除虚假,归于真实,归于真实之后,真实也是空名,应知此时所有珍宝财物,全都属于你,由你自己受用,再不作父亲之念,也不作儿子之想,也不想受用,这才叫作受持《法华经》。从前劫到后劫,手不释卷,从昼至夜,没有不念经的时候。"法达蒙祖师启发,欢喜踊跃,以偈赞道:

  诵念法华三千部,曹溪一句我慢亡。
  未明出世为宗旨,怎歇累生心迷狂。
  羊鹿牛车权施设,初中后善总举扬。
  谁知浊世火宅内,原是清净法中王。

祖师道:"你今后方可名为念经僧。"法达从此领悟玄旨妙道,也照样不停诵经。

  僧人智通,寿州安丰人。初看《楞伽经》约有千余遍,却不懂得其中三身四智的意义,礼拜祖师,请求为他解释其义。祖师道:"所谓三身,清净法身,是你的本性;圆满报身,是你的智慧;千百亿化身,是你的行为。如果离开自己本性,另外说三身,即是有身无智;如果悟到三身没有自性,即是四智菩提。听我偈道:

自性具足三身，发明而成四智。

　　不离见闻因缘，超然顿登佛地。

　　我今为你解说，深信永无痴迷。

　　莫学外求之人，终日口说菩提。"

　　智通再次启告祖师道："四智是什么意思，可以得到大师的指点吗？"祖师道："既然明白了三身，自然便会四智，为何又问？如果离开三身，另外讲四智，这叫有智无身，就此有智，还成无智。"又说一偈道：

　　大圆镜智性本清净，平等性智心无垢病。

　　妙观察智不以见为功，成所作智同于圆镜。

　　五八识果上转六七识因中转，只是流转的名言没有实性。

　　如果能于因果流转不动心执著，就会永远心在大定。

　　智通闻偈顿悟自性四智，遂呈一偈道：

　　三身原是我本体，四智本由自心明。

　　身智交融无所碍，应物显现随其形。

　　起心修道皆妄动，守一住心非真精。

　　妙旨由师得知晓，终得除去染污名。

　　僧人智常，信州贵溪人。幼年出家，志求见性。一日前来参礼祖师，祖师问道："你从哪里来，想要求什么事？"智常道："学生近来往洪州白峰山礼拜大通和尚，蒙他开示见性成佛之义，未能断除疑惑，因此远来投礼，还望和尚慈悲指示？"祖师道："大通和尚有什么言句，你试举一个来看？"智常道："智常到那里，过了三个月，没有受到教诲，因为求法心切，一夜独自进入方丈室，请教如何是自己本心本性。大通和尚乃道：'你见到虚空没有？'我对答道：'见到了。'大通道：'你见虚空有相貌没有？'我对道：'虚空无形，有什么相貌？'大通说：'你的本性，就像虚空一样，了然没有一物可见，是为正见；无一物可知，是为真知。没有青黄长短。

只要得见本源清净,觉体圆明,即是见性成佛,也叫如来知见。'学生虽然闻听此说,仍然不明白,请和尚开示。"祖师道:"那位大师所说,还是有知见未除,故让你未能了悟,我今有一偈给你:

不见一法犹存'无'见,颇似浮云遮挡日面。
不知一法却守'空'知,还如太虚生有闪电。
这种知见忽然兴起,错认如何知道方便?
你当一念自知其非,自己灵光恒常显现。"

智常闻听此偈以后,心意豁然明白,便述一偈道:

无端心中起知见,执著空相求菩提。
情存一念欲求悟,如何打破昔时迷?
自性觉源不动体,枉随照察时迁流。
如果不入祖师室,至今茫然趣两头。

智常一日问祖师道:"佛一方面说三乘法,一方面又说最上乘,弟子不能理解,愿和尚为我讲授。"祖师道:"你要观照自己本心,不要执著外在的法相,佛法没有四乘,人心自有差等,只知道见闻读诵经典佛说是小乘,悟知佛法、理解经义是中乘,依法修行是大乘,万法尽通,万法俱备,一切不沾染,远离种种法相,一无所得,名为最上乘。乘是行的意思,不在口舌之争。你必须自修,不要问我。一切时中,自性自如。"智常礼拜感谢,从此服侍祖师,直到大师谢世。

僧人志道,广州南海人。向祖师请教道:"学生自从出家,读《涅槃经》十年多,尚未明了经中大义,愿和尚教诲。"祖师道:"你什么地方不明白?"志道说:"经中说,诸行无常,都是有生有灭的事物,只有灭除生灭以后,清净寂灭,始可得到快乐。对此心中有疑惑。"祖师道:"你为什么产生疑惑?"志道说:"一切众生都有两种身,即所谓色身、法身。有形色身无常,有生有灭,无形法身常存,无知无觉。经说'灭除生灭之后,寂灭为乐',不知哪个身寂灭？哪个身受乐？如果说的是有形色身，色身消灭死亡之时，地水火风四大分散，全都是苦，苦不能说成乐。如果说的是无形法身，法身清净寂灭，如同草木瓦石，没有知觉，是谁在受乐？又法性是生灭法的本体，五蕴是生灭法的作用，一个本体，五种作用，生灭现象是恒常存在的，生是从本体生起作用，灭是摄诸作用回归本体。如果允许再生，那么有情众生，就会不断不灭，生命常存；如果不允许再生，有情众生就会永远归于寂灭，与没有生命的无情之物相同。如果这样，那么一切事物都被涅槃寂灭所禁止、束缚，生存尚且不能，又有什么快乐？"祖师道："你是沙门释子，如来种姓，为什么学习外道断常邪见，而用二边邪见议论佛教最上乘教法？按照你的说法，即是有形色身外别有无形法身，离开生灭追求寂灭，又推断涅槃常乐，言有身受用快乐，这是执著生死两边，耽迷世俗快乐。你今当知，佛由于一切迷惑的人，错认五蕴和合为自己的身体形相，分别一切法为外在的染污事相，好生恶死，念念迁变，不知内外一切都是梦幻虚假，枉受轮回之苦；由于常常乐求涅槃，涅槃反而成了痛苦，终日追求不休。佛因为怜悯这类人，便示导涅槃真乐，刹那没有生相，刹那没有灭相，更没有生灭现象可以灭除，这就是寂灭现前。正当寂灭现前时，也没有现前的现象，这才是常乐。此种涅槃常乐没有受乐者，也没有不受者，岂有一体五用之说？何况又说涅槃禁止、束缚种种事物，令它们永远不生，这就是诽谤诸佛，诋毁大法。听我的偈：

  至高无上大涅槃，圆明常寂能观照。
  凡愚不明谓之死，外道执迷以为断。
  求学二乘小根人，以为涅槃无所作。
  都是迷情妄计度，六十二种邪见本。
  妄立种种虚假名，如何才是真实义？
  唯有超越度量人，通达涅槃无取舍。

由此得知五蕴法，以及蕴中之自我，
　　外现种种颜色像，还有一一声音相，
　　一切平等如梦幻。不起凡圣两种见，
　　也不以之为涅槃。二边前后三际断，
　　常应六根起作用，而不生起有用念，
　　虽能分别一切法，不起有心分别见。
　　劫末大火烧海底，猛风吹得山相击。
　　真常寂灭恒安乐，涅槃之相即如此。
　　我今勉强来言说，只为让你去邪见。
　　你不依照言说解，许你稍微知涅槃。"

志道闻听此偈，心中大悟，欢喜踊跃，礼拜了退下。

　　行思禅师，俗姓刘，出生于江西吉州安城。听说曹溪六祖法席极盛，学者云集，便径直前来参礼。遂问道："应当做什么，即得不落入阶级分别？"祖师道："你曾经做过什么？"行思道："圣谛尚且不作，又会有什么阶级？"祖师对之十分器重，让他充当首座。一日祖师对行思说："你应当分化一方，不要使佛法断绝。"行思既得大法，遂回到吉州青原山，弘扬心法，绍隆佛化。谥号弘济禅师。

　　怀让禅师，金州人，俗姓杜。最初谒见嵩山老安国师。老安启发他到曹溪参礼请教。怀让到曹溪礼拜，祖师问道："什么地方来？"怀让道："嵩山来。"祖师道："什么物，这么来？"怀让道："如果说似一个物，就不对了。"祖师道："还需要修证吗？"怀让道："修证则不能没有，污染则不能。"祖师道："就这个不污染的东西，是诸佛所护持专念的，你既如此，我也如此。西天二十七祖般若多罗有一谶语，言你足下出一个马驹，踏遍天下人，应在你心，不用早说。"怀让豁然领会，遂执役侍奉十五年，日臻玄奥极致。后怀让去往南岳，大弘禅宗。

永嘉玄觉禅师，温州戴姓之子。少年时遍习经论，精通天台宗的止观法门。由于看《维摩诘经》，发明心地，得悟心宗。偶遇祖师弟子玄策前来相访，与之畅谈很久，见他出言与历代祖师意旨隐然相合。玄策道："你得佛法，是师承哪位法师？"玄觉道："我听大乘经论，各自都有师承。后来由于读《维摩诘经》，自悟诸佛心宗，没有人为我证明。"玄策道："威音王出现以前是可以的，威音王出现以后，无师自悟，都是天然的外道。"玄觉道："愿请法师为我证明。"玄策道："我人微言轻，曹溪有六祖大师。四方云集，都是前来求法者。如果愿去，我和你同行。"玄觉遂同玄策一起前来参问。玄觉绕着祖师走了三圈，手振锡杖，傲然挺立。祖师道："所谓沙门，具足三千威仪，八万细行，大德从哪里来，生大我慢，无恭敬心？"玄觉道："生死事大，人生变幻无常，实在迅速，没有时间讲究虚假的礼节。"祖师道："为什么不体认无生本性，了知本体没有迟速呢？"玄觉道："本体即是无生，了悟本无迟速。"祖师道："就是如此，就是如此。"玄觉此时方才具足威仪，向祖师礼拜，一会儿便告辞。祖师道："你回去的不是太快了吗？"玄觉道："本来没有动步，岂有快慢？"祖师道："那么是谁知道没有动步？"玄觉道："是大师您自己产生分别心？"祖师道："你深得无生之意。"玄觉道："既言无生，哪里有意？"祖师道："如果说无意，是谁在分别？"玄觉道："分别也不是有意。"祖师道："善哉！你暂且留下一宿。"时人称之"一宿觉"。后来玄觉作《证道歌》，盛行于世。

禅师智隍，最初参问五祖，自道已经得到正受，独居一庵，长坐不卧，达二十年。祖师弟子玄策，游方到河朔一带，听到智隍的名声，便到庵中造访，问道："你在这里作什么？"智隍道："入定。"玄策道："你称入定，是有心入，还是无心入？如果无心能够入定，一切草木瓦石之类的没有生命的无情之物，都应当得定。如果是有心入定，一切有情、有意识有生命的事物，也应当得定。"智隍道："我正在入定时，见不到有有无之心。"玄策道："不见有有无之心，即是恒常在定，如何会有出入？如果有出有入，即不是大定。"智隍无言以对，过了好久，问道："你师承谁？"玄策道："我师从曹溪六祖大师。"智隍道："六祖以什么为禅定？"玄策道："我师所说，自性妙明圆寂，体用都是真如。五阴本来是空，六尘也不是有。不出不入，不静不乱。禅定的本性不是住，远离住于禅定的死寂；禅定的本性没有生，远离能生禅定的妄想。心如虚空，也没有虚空的想法。"智隍听到这一说法，径直来到曹溪谒见祖师。祖师问道："法师为什么前来？"智隍便将前面发生的故事讲了一遍。祖师道："确实如其所言。你只要心如虚空，又不执著空见，应用无碍，动静都不关心，忘却凡圣的想法，能所主客全都泯除，这样性相都是真如，没有不在定的时候。"智隍于是大悟，二十年修习所得的心思，都荡然无存，毫无痕迹。这天晚上黄河北边智隍修道的地方的士民听到空中有声音说："隍禅师今天得道。"智隍后来礼拜辞别，又回到河北，开导度化四众弟子。

一个僧人问大师道："黄梅意旨，什么人得到了？"大师道："会佛法的人得到了。"这位僧人道："和尚还得到没有？"大师道："我没有得到。"僧人问："和尚为何没有得到？"大师道："我不会佛法。"

祖师一日想洗上代所授的袈裟，却没有好泉水。他来到寺后五里左右的地方，见山林茂盛，瑞气盘旋，便以锡杖往下一振，结果泉水应声喷出，积成一个水池，祖师便跪下来在石头上洗衣。忽然有一个僧人前来礼拜，道："方辩本是川西蜀地人。不久前在南天竺国，见到达摩大师，嘱咐方辩赶紧回到唐国，道是'我所传的大迦叶的正法眼藏及传法衣，现在传到了第六代，在韶州曹溪说法，你快去瞻望礼拜'。方辩因此远来，愿见我师传来的衣钵。"祖师便

参请机缘第六　75

出示法衣。接着问方辩："法师专攻什么事业?"方辩道："善于塑像。"祖师正色严肃地说道："你试塑一下来看。"方辩茫然无措。过了数日，塑就六祖真像，高约七寸，惟妙惟肖。祖师笑道："你只理解塑像的道理，不解佛性至理。"祖师伸开手掌摩方辩头顶，祝福道："你将永远成为人天众生的福田。"

有一僧人举卧轮禅师偈：

　　卧轮确实有伎俩，能够断除百思想。
　　面对外境心不起，菩提觉悟日日长。

祖师闻听之后道："这首偈颂未曾明了心地，如果依之修行，反是增加束缚。"六祖因而也示一偈：

　　惠能没有伎俩，不断百般思想。
　　对境每每起心，菩提如何会长？

南顿北渐第七

时祖师居曹溪宝林,神秀大师在荆南玉泉寺①。于时两宗盛化,人皆称南能北秀。故有南北二宗、顿渐之分,而学者莫知宗趣②。师谓众曰:"法本一宗,人有南北;法即一种,见有迟疾。何名顿渐?法无顿渐,人有利钝,故名顿渐。"然秀之徒众,往往讥南宗祖师,不识一字,有何所长?秀曰:"他得无师之智③,深悟上乘,吾不如也。且吾师五祖,亲传衣法,岂徒然哉!吾恨不能远去亲近,虚受国恩。汝等诸人,无滞于此,可往曹溪参决④。"乃命门人志诚曰:"汝聪明多智,可为吾到曹溪听法。汝若闻法,尽心记取,还为吾说。"志诚禀命至曹溪,随众参请,不言来处。祖师告众曰:"今有盗法之人,潜在此会。"志诚即出礼拜,具陈其事。师曰:"汝从玉泉来,应是细作⑤。"对曰:"不是。"师曰:"何得不是?"对曰:"未说即是,说了不是。"师曰:"汝师若为示众?"对曰:"常指诲⑥大众,住心观静,长坐不卧。"师曰:"住心观静,是病非禅。长坐拘身,于理何益?听吾偈曰:

生来坐不卧,死去卧不坐。
一具臭骨头,何为立功课⑦!"

志诚再拜曰:"弟子在秀大师处,学道九年,不得契悟。今闻和尚一说，便契本心。弟子生死事大，和尚大慈，更为教示。"师曰："吾闻汝师教示学人戒定慧法，未审汝师说戒定慧，行相⑧如何，与吾说看。"诚曰："秀大师说，诸恶不作名为戒，诸善奉行名为慧，自净其意名为定。彼说如此，未审和尚以何法诲人？"师曰："吾若言有法与人，即为诳汝。但且随方解缚，假名三昧。如汝师所说戒定慧，实不可思议。吾所见戒定慧又别。"志诚曰："戒定慧只合一种，如何更别？"师曰："汝师戒定慧，接大乘人；吾戒定慧，接最上乘人。悟解不同，见有迟疾。汝听吾说，与彼同否。吾所说法，不离自性。离体说法，名为相说⑨，自性常迷。须知一切万法，皆从自性起用，是真戒定慧法。听吾偈曰：

心地无非自性戒，心地无痴自性慧，
心地无乱自性定。不增不减自金刚，
身去身来本三昧⑩"

诚闻偈，悔谢。乃呈一偈：

五蕴幻身，幻何究竟？
回趣真如，法还不净。

师然之。复语诚曰："汝师戒定慧，劝小根智人。吾戒定慧，劝大根智人。若悟自性，亦不立菩提涅槃，亦不立解脱知见，无一法可得，方能建立万法。若解此意，亦名佛身，亦名菩提涅槃，亦名解脱知见。见性之人，立亦得，不立亦得。去来自由，无滞无碍，应用随作，应语随答，普见化身，不离自性，即得自在神通游戏三昧⑪，是名见性。"志诚再启师曰："如何是不立义？"师曰："自性无非，无痴无乱，念念般若观照，常离法相，自由自在，纵横尽得，有何可立！自性自悟，顿悟顿修，亦无渐次，所以不立一切法。诸法寂灭，有何次第？"志诚礼拜，愿为执侍，朝夕不懈。（诚，吉州太和人也。）

僧志彻，江西人。本姓张，名行昌，少任侠。自南北分化，二宗主虽亡彼我，而徒侣竞起爱憎。时北宗门人自立秀师为第六祖，而忌祖师传衣为天下所闻，乃嘱行昌来刺于师。师他心通，预知其事，即置金十两于座间。时夜暮，行昌入祖室，将欲加害。师舒颈就之。行昌挥刃者三，悉无所损。师曰："正剑不邪，邪剑不正。只负汝金，不负汝命。"行昌惊仆，久而方苏。求哀悔过，即愿出家。师遂与金曰："汝且去，恐徒众翻害于汝。汝可他日易形而来，吾当摄受⑫。"行昌禀旨宵遁。后投僧出家，具戒⑬精进。

一日忆师之言，远来礼觐。师曰："吾久念汝，汝来何晚？"曰："昨蒙和尚舍罪，今虽出家苦行，终难报德。其惟传法度生乎。弟子常览《涅槃经》，未晓常、无常义。乞和尚慈悲，略为解说。"师曰："无常者，即佛性也。有常者，即一切善恶诸法分别心也。"曰："和尚所说，大违经文。"师曰："吾传佛心印⑭，安敢违于佛经？"曰："经说佛性是常，和尚却言无常。善恶诸法，乃至菩提心皆是无常，和尚却言是常。此即相违，令学人转加疑惑。"师曰："《涅槃经》，吾昔听尼无尽藏读诵一遍，便为讲说。无一字一义不合经文。乃至为汝，终无二说。"曰："学人识量浅昧，愿和尚委曲⑮开示。"师曰："汝知否？佛性若常，更说什么善恶诸法，乃至穷劫，无有一人，发菩提心者。故吾说无常，正是佛说真常之道也。又一切诸法，若无常者，即物物皆有自性，容受生死，而真常性有不遍之处。故吾说常者，正是佛说真无常义。佛比为凡夫外道执于邪常，诸二乘人于常计无常，共成八倒⑯。故于涅槃了义⑰教中，破彼偏见，而显说真常、真乐、真我、真净。汝今依言背义，以断灭无常及确定死常⑱而错解佛之圆妙最后微言，纵览千遍，有何所益？"行昌忽然大悟。乃说偈言：

  因守无常心，佛说有常性。
  不知方便者，犹春池拾砾⑲。
  我今不施功⑳，佛性而现前。
  非师相授与，我亦无所得。

师曰："汝今彻也，宜名志彻。"彻礼谢而退。

有一童子，名神会㉑，襄阳高氏子。年十三，自玉泉来参礼。师曰："知识㉒远来艰辛。还将得本来否？若有本，则合识主。试说看。"会曰："以无住为本，见即是主。"师曰："这沙弥争合取次语㉓？"以拄杖打三下。会乃问曰："和尚坐禅，还见不见？"师云："吾打汝，是痛不痛？"对曰："亦痛亦不痛。"师曰："吾亦见亦不见。"神会问："如何是亦见亦不见？"师曰："吾之所见，常见自心过愆，不见他人是非好恶，是以亦见亦不见。汝言亦痛亦不痛，如何？汝若不痛，同其木石；若痛，则同凡夫，即起恚恨。汝向前，见不见是二边，痛不痛是生灭。汝自性且不见，敢尔戏论！"神会礼拜悔谢。师又曰："汝若心迷不见，问善知识觅路。汝若心悟，即自见性，依法修行。汝自迷不见自心，却来问吾见与不见。吾见自知，岂代汝迷？汝若自见，亦不代吾迷。何不自知自见，乃问吾见与不见？"神会再礼百余拜，求谢过愆。服勤给侍，不离左右。

一日师告众曰："吾有一物，无头无尾，无名无字，无背无面。诸人还识否？"神会出曰："是诸佛之本源，神会之佛性。"师曰："向汝道无名无字，汝便唤作本源佛性。汝向去㉔有把茆盖头㉕，也只成个知解宗徒㉖。"会后入京洛，大弘曹溪顿教。著《显宗记》，行于世。

师见诸宗难问，咸起恶心，多聚座下，愍而谓曰："学道之人，一切善念恶念，应当尽除。无名可名，名于自性。无二之性，是名实性。于实性上建立一切教门，言下便须自见。"诸人闻说，总皆作礼，请事为师。

[注释]
①玉泉寺：在今湖北当阳，建立于隋朝，为天台宗三祖智𫖮所建。
②宗趣：宗门旨趣，即本宗的根本宗旨、特征。
③无师之智：无师自悟的天然智慧，同乎佛智，因为佛就是自己悟道的。
④参决：参究决疑。
⑤细作：奸细，间谍。
⑥指诲：指点教诲。
⑦功课：或作"功过"。
⑧行相：原指人的心识接触外境所表现出来的功能、状态，这里指神秀所说戒定慧的具体说法、内容。
⑨相说：皮相之谈，不深入、不正确的说法。
⑩不增不减自金刚，身去身来本三昧：六祖在这里将"金刚三昧"分开解释，表明自性清净，不论动静去来，常在金刚三昧。
⑪自在神通游戏三昧：即了悟自性，到达最高境界之后，就可以方便游戏，以种种方便、种种化身现身说法，自由自在，不受拘束。
⑫摄受：慈悲庇护，容纳接受，此处指收纳行昌为徒。
⑬具戒：具持诸戒，即严格持戒，苦行修道。
⑭传佛心印：佛祖相传，心心相印，禅宗以心传心，代代相承，惠能为中土第六祖，按西方传承则为第三十四代，所以传持佛门心宗正法。
⑮委曲：仔细，全面细致。
⑯八倒：凡夫外道以无常、苦、空、不净为常、乐、我、净，声闻、缘觉二乘以涅槃常、乐、我、净为无常、苦、空、不净，共成八种颠倒。
⑰了义：最高、最究竟的真理。
⑱确定死常：不会变通的僵化的常，指执著的常。

⑲春池拾砾：佛教典故，出自《大涅槃经》卷二。春天时候，有一宝珠落到池中，众人竞相下水寻找，将水弄得十分混浊，结果捡上来的都是没有价值的顽石，宝珠本身有使水清澈的功能，不久水清珠现，有一智者轻轻地入水，将宝珠拿了上来。春池拾砾，意在说明入宝山而空归，虽读经文，不明其义，不能发现其中最为珍贵的东西，只是从中学到了一些皮毛。

⑳不施功：不造作用功，自然得道。

㉑神会：神会（686~760），六祖弟子，后在中原大力宣扬曹溪六祖顿教法门。

㉒知识：对人的敬称。

㉓争合取次语：当时口语，意为怎么这样轻率地说话。

㉔向去：日后，将来。

㉕把茆盖头：即有个住处，有一把茅草遮风挡雨，比喻有一定成就。

㉖知解宗徒：属于重视知见、强调知解的宗派的人，这里实是批评神会解行不能相应、修证功夫不足。

[译文]

时祖师居住在曹溪宝林寺，神秀大师在荆州南部玉泉寺。那个时候两宗都很兴盛，时人都称南能北秀。是故有南北二宗、顿渐两家之分，而学者都不知道两宗旨趣。祖师告诉众人道："禅法本来是一宗，人有南北之分；佛法即只有一种，见解有迟疾之别。什么叫顿渐？心法没有顿渐，只是因为人有利根、钝根，所以名为顿渐。"然而神秀的门徒，往往讥讽南宗祖师，说惠能一字不识，又能有什么长处？神秀道："他得无师自通的智慧，深悟上乘佛法，我不如他。况且我的老师五祖，亲自将传法衣和佛法传授给他，难道祖师会无缘无故地传授么！我遗憾的是不能远道去亲近他，却虚受国家恩典，你们这些人不要只是在此滞留，可去曹溪参问除疑。"一日，神秀对门人志诚嘱咐道："你聪明多智，可为我到曹溪听法，你如果得闻佛法，要尽心牢记，回来以后为我讲说。"志诚领受师命，到曹溪随众人参礼请教，不说自己从哪里来。当时祖师告诉大众说:"今天有盗取佛法的人,潜藏在法会之中。"志诚便出来礼拜,将此事前因后果说了一遍。祖师道:"你从玉泉寺来,应当是间谍。"志诚道:"不是。"祖师道:"为什么不是?"志诚道:"未说之前即是,说了之后不是。"祖师道:"你的师父如何开示众人?"志诚对答道:"我的老师经常指教大众,让他们凝住心神,观照净心,长期坐禅,不卧不眠。"祖师道:"住心不动,观照净心,是一种病态,不是禅定。常坐只是拘束身体,对于明理又有何益?听我的偈:

生时长坐而不卧,死后长卧不能坐。

都是一具臭骨头,何以坐禅为功课!"

志诚闻听,再拜道:"弟子在秀大师那里,学道九年,不得契悟大道。今听和尚一说,便契悟本心。弟子生死事大,和尚大慈大悲,愿再次指教开示。"祖师道:"听说你的老师教示学生戒定慧法,不知你的老师所说戒定慧的内容如何,给我讲一讲。"志诚道:"秀大师说,诸恶莫作名为持戒,众善奉行名为智慧,自己净化心意名为禅定。他的说法就是这样。不知和尚您以什么法开示教导学人?"祖师道:"我如果说有法给人,就是诳骗你,因为我只是随处为人解除束缚,假称为三昧禅定。如你的师父所说的戒定慧,实是不可思议,而我所认为的戒定慧又有不同。"志诚道:"戒定慧只应当有一种,如何又有不同?"祖师道:"你的师父所传的戒定慧是接引大乘人,我所说的戒定慧是接引最上乘人,悟解的境界不同,见解有迟有疾。你听我说,看与他所说是否相同?我所说法,不离自性,离开本体说法,名为皮相之谈,经常迷失自性。当知一切万法,都是从自性生起作用,这才是真正的戒定慧法。听我的偈:

心地无非即是自性持戒,心地无痴自性常生智慧,

心地不乱自性本来常定。

心性不增不减如同金刚,身体虽去虽来本在三昧。"

志诚闻听此偈，忏悔谢过。便呈一偈道：

五蕴合成幻化身，虚幻如何有究竟？

回神趣向求真如，净法反而成不净。

祖师对之予以认可。又对志诚道："你的老师所说的戒定慧，劝导小根小智人。我所说的戒定慧，劝导大根大智人。如果彻悟了自性，也不建立菩提涅槃，也不建立解脱知见，没有一法可得，才能建立万法。若能理解此意，也名叫法身，也名叫菩提涅槃，也名叫解脱知见。见性的人，建立也可，不建立也可，来去自由，没有滞留障碍，随应用处而立，随问随答，普遍示现千百化身，却不离于自性，如此即得自在神通游戏三昧，这才叫做见性。"志诚再次启请祖师道："如何是不立的意思？"祖师道："自性无非，无愚痴迷乱，念念以般若智慧观照，恒常远离法相，自由自在，纵横往来都可以，有什么可以建立？自性自悟，顿悟顿修，也没有渐次阶级，所以不立一切法。诸法清净寂灭，有什么次第？"志诚礼拜，愿意勤劳服侍，朝夕不肯松懈。

僧人志彻，江西人。本来俗姓张，名叫行昌，少年任侠好武。自从南北分别化导众生，两位宗师虽然没有彼我分别，而门下徒众竞起爱憎之心。当时北宗门人，自立神秀大师为禅宗第六祖，而忌惮祖师得到传法衣、实为第六祖的事被天下人知道，便嘱托行昌前来行刺。祖师有他心通，已经预知此事，便准备了十两银子放置在座上。其时夜深，行昌潜入祖师室中，正打算加害祖师，祖师伸着脖子受刃，行昌三次挥刀，都不能有损。祖师道："正剑不邪，邪剑不正，只给你金，不欠你命。"行昌大惊，昏倒在地，很久才苏醒过来，哀求悔过，即愿随师出家。祖师遂给他银两，言道："你暂且离去，恐怕徒众得知，反过来害你性命，你可他日易形再来，我当接受你为弟子。"行昌领命乘夜遁去，后来投僧出家，精进持戒。

一日，忆起祖师之言，远来参礼觐见。祖师道："我早就想念你了,你来得怎么这样晚?"行昌道:"过去蒙和尚慈悲恕罪,如今虽然出家修习苦行,终难报师大德,真报师德,唯有弘传佛法,度脱众生。弟子常读《涅槃经》,未晓其中常与无常的意义,乞求和尚慈悲开示,略微为我解说。"祖师道:"所谓无常,即是佛性。所谓有常,即是一切善恶诸法分别之心。"行昌道:"和尚所说,完全违背经文。"祖师道:"我传承佛祖心印,如何敢违背佛经?"行昌道:"经中说佛性是常,和尚却说无常。经中说善恶诸法直至菩提心,都是无常,和尚却说是常。如此即是与经文相违之处,令学生更加迷惑。"祖师道:"《涅槃经》,我昔日听比丘尼无尽藏读诵一遍,便为她讲解,没有一字一义不合经文,乃至为你讲经,终究没有不同的说法。"行昌道:"学生见识浅薄,心中愚昧,愿和尚仔细明白地开示。"祖师道:"你知道不知道?佛性若是常在,又为什么说事物有善有恶,以致于穷尽一劫的漫长时间内,没有一人发菩提心,所以我说无常,正是佛说的真常之道。另外,一切诸法如果是无常,那么每个事物都有自性,容受生死,而真常本性有不能遍及的地方,所以我说有常,实是佛说真正的无常之义。佛因为凡夫外道执著于邪常,诸位二乘人将常视为无常,一共成为八种颠倒,所以在涅槃了义教法中,破除他们的偏见,而显示宣说真常、真乐、真我、真净。你如今依照言说文字,违背根本大义,以断灭的无常,以及确定不会变通的僵化死常,而错误地理解佛说圆明玄妙的最后微言,纵然阅读千遍,有什么益处?"行昌闻说,忽然大悟,说一偈道:

  因为执守无常心,是故佛说有常性。

  不知这是方便说,犹如春池拾瓦砾。

  我今自在不施功,佛性自然而现前。

  不是我师所授予,我今依然无所得。

祖师道:"你如今已经通彻了,应当名为志彻。"志彻礼谢而退下。

  有一个童子,名叫神会,襄阳人,俗姓高。年十三岁,从玉泉前来参礼。祖师道："你远来辛苦，还持得本体而来没有？如果有本，则应识得主人。试说一下来看。"神会道："以无住为本，知见即是主。"祖师道："这个沙弥怎么说这样轻率的话？"便用柱杖打了神会三下。神会便问道："和尚坐禅，还见不见？"祖师道："我打你，是痛还是不痛？"神会对答道："我也痛也不痛。"祖师道："我也见也不见。"神会问道："如何是也见也不见？"祖师道："我的所见，常见自己心中的过失，不见他人是非好恶，所以也见也不见。你说也痛也不痛又是如何？你如果不痛，就与木石无情等同；你如果痛，就会生起怨怒恚恨。你向前来，见与不见是二边见，痛与不痛是生灭法，你自性尚且不见，敢胡乱议论，想戏弄别人！"神会礼拜，悔过谢罪。祖师又道："你如果心中迷惑不见，问善知识指点道路；你如果心已觉悟，即会自见本性，依法修行。你自己迷惑，不见自心本性，却来问我见与不见。我见自己知道，岂能代替你的迷惑？你如果能够自见本性，也不能代替我的迷惑。你为何不自知自见，却问我见与不见？"神会再次礼拜，一直拜了一百多遍，乞求谢罪悔过，从此勤劳服侍，不离祖师左右。

　　一日，祖师告诉众人道："我有一物，无头无尾，无名无字，无背面无正面，诸位还认识么？"神会出来说道："这是诸佛的本源，神会的佛性。"祖师道："明明对你说无名无字，你便唤作本源佛性。你日后有把茆草盖头，有地方住持，也只能成为一个喜欢知解的宗徒。"神会后来进入西京长安与东都洛阳一带，大力弘扬曹溪顿教，著有《显宗记》，流行于世。

　　祖师见各个宗派相互质问发难，都产生恶心，多次集结在座下争论，便生怜愍之心，对他们说道："学道的人，一切善念恶念，都应当尽除。没有名字可以命名，名为自性，无二无分别之性，才可叫做实性。在实性上建立一切教义法门，言下便须自见本性。"诸人闻说之后，全都行礼，请求拜大师为师。

唐朝征诏第八

神龙二年上元日①，则天、中宗诏云："朕请安、秀二师②，宫中供养。万机之暇，每究一乘。二师推让云：'南方有能禅师，密受忍大师衣法，传佛心印，可请彼问。'今遣内侍③薛简，驰诏迎请。愿师慈念，速赴上京。"

师上表辞疾，愿终林麓④。薛简曰："京城禅德⑤皆云：欲得会道，必须坐禅习定。若不因禅定而得解脱者，未之有也。未审师所说法如何？"师曰："道由心悟，岂在坐也！经云：若言如来若坐若卧，是行邪道。何故？无所从来，亦无所去，无生无灭，是如来清净禅；诸法空寂，是如来清净坐。究竟无证，岂况坐耶！"简曰："弟子回京，主上必问。愿师慈悲，指示心要。传奏两宫，及京城学道者，譬如一灯然百千灯，冥者皆明，明明无尽。"师云："道无明暗，明暗是代谢之义。明明无尽，亦是有尽。相待立名。故《净名经》云：法无有比，无相待故⑥。"简曰："明喻智慧，暗喻烦恼。修道之人，倘不以智慧照破烦恼，无始生死，凭何出离？"师曰："烦恼即是菩提，无二无别。若以智慧照破烦恼者，此是二乘见解，羊鹿等机⑦，上智大根，悉不如是。"简曰："如何是大乘见解？"师曰："明与无明，凡夫见二。智者了达，其性无二。无二之性，即是实性。实性者，处凡愚而不减，在贤圣而不增；住烦恼而不乱，居禅定而不寂。不断不常，不来不去，不在中间及其内外，不生不灭，性相如如，常住不迁，名之曰道。"简曰："师说不生不灭，何异外道？"师曰："外道所说不生不灭者，将灭止生，以生显灭。灭犹不灭，生说不生。我说不生不灭者，本自无生，今亦无灭。所以不同外道。汝若欲知心要，但一切善恶都莫思量，自然得入，清净心体，湛然常寂，妙用恒沙。"简蒙指教，豁然大悟。礼辞归阙，表奏师语。

其年九月三日，有诏奖谕师曰："师辞老疾，为朕修道，国之福田。师若净名，托疾毗耶⑧，阐扬大乘，传诸佛心，谈不二法。薛简传师指授如来知见。朕积善余庆⑨，宿种善根，值师出世，顿悟上乘。感荷师恩，顶戴无已。拜奉磨衲袈裟⑩及水晶钵。敕韶州刺史修饰寺宇。赐师旧居为国恩寺。"

[注释]

①上元日：农历正月十五日，即元宵节。

②安、秀二师：指惠安和神秀两位大师。他们都是惠能的师兄，先被召入宫中供养，故举荐惠能。

③内侍：宫中近侍，由宦官充任。

④林麓：麓即山脚，林麓实指山林，为隐居清修的地方。

⑤禅德：修禅习定的高僧大德。

⑥法无有比，无相待故：出自《维摩诘经·弟子品》，意为佛法远离分别、比较、对待。

⑦二乘见解，羊鹿等机：出自《法华经·譬喻品》，二乘指声闻乘、缘觉乘。声闻乘即"欲速出三界，自求涅槃"者，如同喜欢羊车的人；缘觉乘又称为辟支乘，独觉乘，即"求自然慧，乐独善寂，深知诸法因缘"者，如同喜欢鹿车的人。二乘统称小乘，根机下劣，与追求佛智、利益众生的大乘不同，羊车、鹿车也不能和大乘的大白牛车相比。

⑧托疾毗耶：出自《维摩诘经·问疾品》，维摩诘（意译净名）菩萨在毗耶离修道，假托有病，借机说法。惠能亦称疾不应召入京，所以皇帝将其比为维摩诘，婉转表示知道他声称有病不过是不愿进京的借口。

⑨积善余庆："积善之家，必有余庆；积不善之家，必有余殃。"语出《周易》，意为积累善行的人家，后世子孙仍会受益，反之就会受害。这里包含着皇帝的自谦，意为自己不过是继承享受祖先的福德余泽，并无功德。

⑩磨衲袈裟：当时高丽国（今朝鲜）出产的袈裟。

[译文]

神龙二年正月十五上元这一天，则天太后、中宗下诏称："朕请惠安、神秀二师到宫中供养，以便在朕日理万机、处理朝政的余暇，经常参究一乘妙理。二师都推让道：'南方有惠能禅师，密受弘忍大师传法衣和心法，传承佛祖心印，可请其来，随时请教。'今派遣内侍薛简，携诏书速去迎请，愿师慈悲怜念，速赴上京长安。"

祖师上表，以年老有病推辞，表示愿意终老林下。前来传诏的薛简向大师问道："京城禅师大德都说：要想会大道，必须坐禅习定，如果不因禅定而获得解脱，不会有这样的事。不知大师所说法是怎样讲的？"祖师道："大道由自心而悟，难道是在于坐吗？经中说，如果说如来或坐或卧，这样说的人是行邪道。什么缘故呢？不从任何地方来，也不向任何地方去，无生无灭，这才是如来清净禅；认识到一切事物，本性空寂，才是如来清净坐。究竟是空，并无所证，何况是坐呢？"薛简道："弟子回京，皇上必然询问。愿大师慈悲，指示心要，让弟子传奏两宫及告知京城学道者，譬如一灯能够点燃千百盏灯，暗处尽明，明灯相传，光明无尽。"祖师道："大道没有明暗，明暗是代谢的意思。所谓明明相传，没有尽头，也是有尽头的，因为是相互依待而建立的假名。所以《维摩诘经》道：'佛法没有比较，这是由于没有相互依待的缘故。'"薛简道："明比喻智慧，暗比喻烦恼。修道的人，假若不用智慧照破烦恼，那么无始以来的生死轮回，凭什么出离呢？"祖师道："烦恼即是菩提，一体无二，没有分别，如果想用智慧照破烦恼，这是二乘下等根器的见解，与《法华经》中愿乘羊车、鹿车者的根机一样，上智大根的人，都不如此。"薛简道："如何是大乘见解？"祖师道："明与无明，凡夫以为是二，智者能够明了其本性，知其本性一体无二。无二的本性，即是实性。所谓实性，在凡夫愚人身上不会减少，在圣人贤士身上不会增加，住烦恼中不会动乱，居禅定中不会寂止。不断不常，不来不去，不在中间，也不在内外两边，不生不灭，本性事相都是真如，常住不变迁，名为大道。"薛简道："大师说不生不灭，与外道有何差别？"祖师道："外道所说不生不灭，是将灭来止生，用生来显示灭，灭犹如不灭，生是说不生。我所说的不生不灭，本来自性没有产生，今也不会有灭，所以不同于外道所说。你如果想要知道佛法心要，只要一切善恶都不思量，自然得以进入清净心体，了知心体湛然明净，恒常寂灭，却有恒河沙数一般的无量妙用。"薛简蒙大师指教，豁然大悟。礼拜辞去，回到宫中，奏大师法语。

同年九月三日，有诏书下，褒奖大师："师以年老有病推辞不来，为朕在山中修道，实是国家的福田。师如同净名尊者，示疾于毗耶城，阐扬大乘妙道，传授诸佛心法，谈不二法门。薛简传达了大师指示教授的如来知见，朕因祖上先皇积累功德善行而享受余庆福祉，又由于宿世所种善根，得以逢师出世，顿悟上乘心法，感荷师恩，顶戴不已。并奉上磨衲袈裟及水晶钵，敕令韶州刺史修饰大师寺宇，赐师新州旧居为国恩寺。"

法门对示第九

师一日唤门人法海、志诚、法达、神会、智常、智通、志彻、志道、法珍、法如等曰:"汝等不同余人。吾灭度①后,各为一方师②。吾今教汝说法,不失本宗。先须举三科法门,动用三十六对,出没即离两边。说一切法,莫离自性。忽有人问汝法,出语尽双,皆取对法③,来去相因,究竟二法尽除,更无去处。

"三科法门者,阴、界、入也。阴是五阴,色、受、想、行、识是也。入是十二入,外六尘,色、声、香、味、触、法,内六门,眼、耳、鼻、舌、身、意是也。界是十八界,六尘、六门、六识是也。自性能含万法,名含藏识④。若起思量,即是转识⑤,生六识,出六门,见六尘。如是一十八界,皆从自性起用。自性若邪,起十八邪;自性若正,起十八正。含恶用即众生用,善用即佛用。用由何等,由自性有。

"对法:外境无情五对。⑥天与地对,日与月对,明与暗对,阴与阳对,水与火对。此是五对也。法相语言十二对。⑦语与法⑧对,有与无对,有色与无色对,有相与无相对,有漏与无漏对,色与空对,动与静对,清与浊对,凡与圣对,僧与俗对,老与少对,大与小对。此是十二对也。自性起用十九对。⑨长与短对,邪与正对，痴与慧对，愚与智对，乱与定对，慈与毒对，戒与非对，直与曲对，实与虚对，险与平对，烦恼与菩提对，常与无常对，悲与害对，喜与嗔对，舍与悭对，进与退对，生与灭对，法身与色身对，化身与报身对。此是十九对也。"

师言："此三十六对法，若解用，即道贯一切经法，出入即离两边。自性动用，共人言语，外于相离相，内于空离空。若全著相，即是邪见；若全执空，即长无明。执空之人，有谤经：'直言不用文字。'⑩既云不用文字，人亦不合语言。只此语言，便是文字之相。又云：'直道不立文字。'⑪即此'不立'两字，亦是文字。见人所说，便即谤他，言'著文字'。汝等须知，自迷犹可，又谤佛经。不要谤经，罪障⑫无数。若著相于外，而作法求真；或广立道场，说有无之过患，如是之人，累劫不可见性。但听依法修行。又莫百物不思，而于道性窒碍⑬。若听说不修，令人反生邪念。但依法修行，无住相法施⑭。汝等若悟，依此说，依此用，依此行，依此作，即不失本宗。若有人问汝义，问有将无对，问无将有对，问凡以圣对，问圣以凡对。二道相因，生中道义。汝一问一对，余问一依此作，即不失理也。设有人问，何名为暗。答云：明是因，暗是缘，明没即暗。以明显暗，以暗显明，来去相因，成中道义。余问悉皆如此。汝等于后传法，依此迭相教授，勿失宗旨。"

[注释]

①灭度：指逝世。

②一方师：教化一个地区的宗师。

③对法：包含成对的概念范畴的法门，以此表明矛盾的双方是相辅相成、不可分离的。

④含藏识：六祖这里吸收了唯识宗的八识说。第八识即阿赖耶识，其中

包含着能够显现宇宙万物的种子,故名藏识。六祖以自性本心等同于第八识,故名含藏识。

⑤转识:指第七识,末那识。通过末那识的思量转变,产生六识,并使六识从六门出来,追求六尘,从而产生十八界。

⑥外境无情五对:此五对一方面属于与内在的认识相对应的外在的境界,一方面又是没有生命的无情之物,所以称为外境无情五对。这五对都是自然界中最根本最重要的事物。

⑦法相语言十二对:法相指事物的相状、现象,语言用以表述法相,此十二对指用语言描摹的各种事物的相状,是外在的法相与人为的语言的合一,不纯属客观事物。

⑧语与法对:语是语言,即名言,是表达事物的;法是事物,即事相,是语言表达的对象。语与法合为名相,构成佛教的概念范畴。

⑨自性起用十九对:从自性本心思量转变而变现出来的对法。此十九对都与人的心理和修行有直接的关系。

⑩直言不用文字:这是执著于空的人对经典文字的毁谤,意为真正的言语是不需要使用文字的(可能借用了老子"大音希声"的说法)。

⑪直道不立文字:与直言不用文字同义,亦是执著于空的人对文字的抨击。意为真正的佛道是不立文字的。

⑫罪障:罪恶业障,指由毁谤佛经而产生的罪过果报。

⑬于道性窒碍:道性,即同佛性;窒碍,凝滞不通,与佛性产生隔碍。意为如果执著于空,对什么都不思考,就会成为僵化死寂之心,与灵活通达的道性本心相违。

⑭无住相法施:不要执著于外相来进行法布施,即不要著相说法。

[译文]

大师一日唤门人法海、志诚、法达、神会、智常、智通、志彻、志道、法珍、法如等人前来,对他们说:"你们与其他人不同,我去世后,你们各为分化一方的导师。我今天教你们说法不失去本宗,首先必须举阴界入三科法门,动用三十六对,出入即远离两边,说一切法,都不要离开自性。如果有人忽然问你们佛法,出言都得成双，都用成对的对法，来去相互依待，互为因果，到究竟境界二法全都除去，再也没有去处。

"所谓三科法门，指的是阴、界、入三科。阴是五阴，即是色、受、想、行、识。入是十二入，外有六尘，即是色、声、香、味、触、法；内有六门，即是眼、耳、鼻、舌、身、意。界是十八界，即是六尘、六门、六识。自性能够包含万法，名为含藏识；如果生起思量，即是转识，由此产生六识，出六门，见到六尘，如此十八界，都从自性生起作用。自性如果邪，起十八种邪；自性如果正，起十八种正。如果生起恶用，即是众生用；如果生起善用，即是佛用。作用从哪里来，从自性而有。

"所谓对法，外境无情法五对：天与地对，日与月对，明与暗对，阴与阳对，水与火对，这是五对。法相语言法有十二对：言语与法义对，有与无对，有色与无色对，有相与无相对，有漏有缺陷与无漏无缺陷对，色与空对，动与静对，清与浊对，凡与圣对，僧与俗对，老与少对，大与小对，这是十二对。自性生起的作用有十九对：长与短对，邪与正对，痴与慧对，愚与智对，动乱与安定对，仁慈与恶毒对，持戒与行非对，直与曲对，实与虚对，阴险与平直对，烦恼与菩提对，常与无常对，悲悯与伤害对，喜悦与嗔怒对，施舍与悭吝对，进与退对，生与灭对，法身与色身对，化身与报身对，这是十九对。"

大师言道："这三十六对法，如果学会使用，则其道理能够贯通一切经典佛法，出入即远离两边。自性生起作用，和人说话时，要外于相上离相，内于空上离空。如果完全执著于相，就会增长邪见；如果完全执著于空，就会增长无明。执著于空的人有的诽谤佛经，道是径直之言不用文字。既然说不用文字，人就不该言语，只这番不用文字的言语，便是使用文字的表现。又说大道直指，不立文字，就此'不立'两字，也是文字；见人有说，便即诽谤他，说他执著文字。你等须知,自己迷惑尚可,又去诽谤佛经,千万不要诽谤佛经,谤经会有无穷的罪恶业障。有人执著外相,而又自以为得法求真;有人广建道场,到处说有无的过失祸患,这样的人,积累多劫也不可见性。你们只要听我所说法,并且依法修行,又不要什么事物都不思想,而对于道性产生窒息阻碍。如果听说不修,令人反而产生邪见。你们只管依法修行,不要住相布施弘传佛法。你等如果觉悟,依此宣说,依此应用,依此修行,依此作为,即不丧失本宗。如果有人问你义理,问有以无对,问无以有对,问凡以圣对,问圣以凡对,二者相待,产生中道妙义。如前一问一对,其他问题都依此应对,就不会失理。假设有人问:'什么叫做暗?'就回答道:'明是。'因为暗是缘,明没了就是暗,以明显示暗,以暗显示明,明暗来去相待,成中道妙义。其他问题都要这样答。你等以后传法,依此转相教授学人,不要迷失本宗宗旨。"

付嘱流通第十

师于太极元年壬子七月①，（玄宗八月即位，方改先天元年，次年遂改为开元，先天即无二年，他本作先天二年者非。）命门人往新州国恩寺建塔，仍命促工。次年夏末落成。七月一日集徒众曰："吾至八月，欲离世间。汝等有疑，早须相问，为汝破疑，令汝迷尽。吾若去后，无人教汝。"法海等闻，悉皆涕泣。惟有神会，不动神情，亦无涕泣。师曰："神会小师，却得善不善等，毁誉不动，哀乐不生，余者不得。数年在山，竟修何道！②汝今悲泣，为忧阿谁③？若忧吾不知去处，吾自知去处。吾若不知去处，终不预报于汝。汝等悲泣，盖为不知吾去处。若知吾去处，即不合悲泣。法性本无生灭去来。汝等尽坐，吾与汝等一偈，名曰《真假动静偈》。汝等诵取此偈，与吾意同。依此修行，不失宗旨。"众僧作礼，请师说偈。偈曰：

一切无有真，不以见于真。
若见于真者，是见尽非真。
若能自有真，离假即心真。
自心不离假，无真何处真？
有情即解动，无情即不动。
若修不动行，同无情不动。

若觅真不动，动上有不动。
　　不动是不动，无情无佛种。
　　能善分别相，第一义不动。
　　但作如此见，即是真如用。
　　报诸学道人，努力须用意。
　　莫于大乘门，却执生死智。
　　若言下相应，即共论佛义。
　　若实不相应，合掌令欢喜。
　　此宗本无诤，诤即失道意。
　　执逆诤法门，自性入生死。

时徒众闻说偈已，普皆作礼，并体师意，各各摄心，依法修行，更不敢诤，乃知大师，不久住世。法海上座再拜问曰："和尚入灭之后，衣法当付何人？"师曰："吾于大梵寺说法，以至于今，抄录流行，目曰《法宝坛经》。汝等守护，递相传授，度诸群生。但依此说，是名正法。今为汝等说法，不付其衣。盖为汝等，信根淳熟，决定无疑，堪任大事。然据先祖达摩大师付授偈④意，衣不合传。偈曰：

　　吾本来兹土，传法救迷情。
　　一花开五叶⑤，结果自然成。"

师复曰："诸善知识，汝等各各净心，听吾说法。若欲成就种智⑥，须达一相三昧，一行三昧。若于一切处而不住相，于彼相中，不生憎爱，亦无取舍，不念利益成坏等事，安闲恬静，虚融澹泊，此名一相三昧。若于一切处，行住坐卧，纯一直心，不动道场，真成净土，此名一行三昧。若人具二三昧，如地有种，含藏长养，成熟其实。一相一行，亦复如是。我今说法，犹如时雨，普润大地。汝等佛性，譬诸种子，遇兹沾洽，悉得发生。承吾旨者，决获菩提；依吾行者，定证妙果。听吾偈⑦曰：

  心地含诸种，普雨悉皆萌。

  顿悟花情已，菩提果自成。"

师说偈已，曰："其法无二，其心亦然。其道清净，亦无诸相。汝等慎勿观静，及空其心。此心本净，无可取舍。各自努力，随缘好去。"尔时徒众作礼而退。

大师七月八日，忽谓门人曰："吾欲归新州，汝等速理舟楫。"大众哀留甚坚。师曰："诸佛出现，犹示涅槃。有来必去，理亦常然。吾此形骸⑧，归必有所。"众曰："师从此去，早晚可回。"师曰："叶落归根，来时无口。"⑨又问曰："正法眼藏⑩，传付何人？"师曰："有道者得，无心者通。"又问："后莫有难否？"师曰："吾灭后五六年，当有一人来取吾首。听吾记曰：'头上养亲，口里须餐。遇满之难，杨柳为官。'"⑪又云："吾去七十年，有二菩萨从东方来。一出家，一在家。同时兴化，建立吾宗；缔缉伽蓝，昌隆法嗣。"⑫问曰："未知从上佛祖，应现已来，传授几代？愿垂开示。"师云："古佛应世，已无数量，不可计也。今以七佛⑬为始，过去庄严劫⑭，毗婆尸佛⑮、尸弃佛⑯、毗舍浮佛⑰，今贤劫⑱，拘留孙佛⑲、拘那含牟尼佛⑳、迦叶佛㉑、释迦文佛㉒。是为七佛。释迦文佛首传摩诃迦叶尊者，第二阿难尊者，第三商那和修尊者，第四优波鞠多尊者，第五提多迦尊者，第六弥遮迦尊者，第七婆须蜜多尊者，第八佛驮难提尊者，第九伏驮蜜多尊者，第十胁尊者，十一富那夜奢尊者，十二马鸣大士，十三迦毗摩罗尊者，十四龙树大士，十五迦那提婆尊者，十六罗睺罗多尊者，十七僧伽难提尊者，十八伽耶舍多尊者，十九鸠摩罗多尊者，二十阇耶多尊者，二十一婆修盘头尊者，二十二摩拏罗尊者，二十三鹤勒那尊者，二十四师子尊者，二十五婆舍斯多尊者，二十六不如蜜多尊者，二十七般若多罗尊者，二十八菩提达摩尊者，此土是为初祖。二十九慧可大师[23]，三十僧璨大师[24]，三十一道信大师[25]，三十二弘忍大师。惠能是为三十三祖。从上诸祖，各有禀承。汝等向后，递代流传，毋令乖误。"

大师开元元年癸丑岁八月三日，于国恩寺斋罢，谓诸徒众曰："汝等各依位坐，吾与汝别。"法海白言："和尚留何教法，令后代迷人，得见佛性？"师言："汝等谛听。后代迷人，若识众生，即是佛性；若不识众生，万劫觅佛难逢。吾今教汝，识自心众生，见自心佛性。欲求见佛，但识众生。只为众生迷佛，非是佛迷众生。自性若悟，众生是佛；自性若迷，佛是众生。自性平等，众生是佛；自性邪险，佛是众生。汝等心若险曲，即佛在众生中；一念平直，即是众生成佛。我心自有佛，自佛是真佛。自若无佛心，何处求真佛？汝等自心是佛，更莫狐疑。外无一物，而能建立，皆是本心，生万种法。故经云：'心生种种法生，心灭种种法灭。'吾今留一偈，与汝等别。名《自性真佛偈》。后代之人，识此偈意，自见本心，自成佛性。偈曰：

　　真如自性是真佛，邪见三毒是魔王。
　　邪迷之时魔在舍，正见之时佛在堂。
　　性中邪见三毒生，即是魔王来住舍。
　　正见自除三毒心，魔变成佛真无假。
　　法身报身及化身，三身本来是一身。
　　若向性中能自见，即是成佛菩提因。
　　本从化身生净性，净性常在化身中。
　　性使化身行正道，当来圆满真无穷。
　　淫性本是净性因，除淫即是净性身。

> 性中各自离五欲，见性刹那即是真。
> 今生若遇顿教门，忽悟自性见世尊。
> 若欲修行觅作佛，不知何处拟求真？
> 若能心中自见真，有真即是成佛因。
> 不见自性外觅佛，起心总是大痴人。
> 顿教法门今已留，救度世人须自修。
> 报汝当来学道者，不作此见大悠悠。"[26]

师说偈已，告曰："汝等好住。吾灭度后，莫作世情，悲泣雨泪。受人吊问，身著孝服，非吾弟子，亦非正法。但识自本心，见自本性，无动无静，无生无灭，无去无来，无是无非，无住无往。恐汝等心迷，不会吾意。今再嘱汝，令汝见性。吾灭度后，依此修行，如吾在日。若违吾教，纵吾在世，亦无有益。"

复说偈曰：

> 兀兀[27]不修善，腾腾[28]不造恶。
> 寂寂断见闻，荡荡[29]心无著。

师说偈已，端坐至三更，忽谓门人曰："吾行矣。"奄然迁化[30]。于时异香满室，白虹属地，林木变白，禽兽哀鸣。十一月，广、韶、新三郡官僚，洎门人缁白[31]，争迎真身，莫决所之。乃焚香祷曰：香烟指处，师所归焉。时香烟直贯曹溪。十一月十三日，迁神龛并所传衣钵而回。次年七月二十五日出龛。弟子方辩以香泥上之。门人忆念取首之记，遂先以铁叶漆布，固护师颈，入塔。忽于塔内白光出现，直上冲天，三日始散。韶州奏闻。奉敕立碑，纪师道行。师春秋七十有六，年二十四传衣，三十九祝发，说法利生，三十七载，得旨嗣法者，四十三人，悟道超凡者，莫知其数。达摩所传信衣（系西域屈眴布也），中宗赐摩衲宝钵，及方辩塑师真相，并道具[32]等，主塔侍者尸之[33]，永镇宝林道场。流传《坛经》，以显宗旨，兴隆三宝，普利群生者。

[注释]

①唐睿宗壬子岁（712）改元太极，五月改元延和，此年玄宗即位，又于八月改元先天。

②"惟有神会，神情不动，亦无涕泣"与其下"神会小师，却得善不善等，毁誉不动，哀乐不生，余者不得。数年山中，竟修何道"数句，当为神会一派兴起之后掺入，不合史实。

③阿谁：当时口语，意为谁人、何人。

④付授偈：祖师付法授衣时所示偈，此偈一般只传授给接受衣法的下一代祖师，故称为付授偈。

⑤一花开五叶：指从达摩始下传五世，此后不再单传。一说指后世禅宗五宗，与偈文和六祖的解释不合。

⑥种智：即一切种智，为最高的佛智，对于一切事物的自性和共性都能了知。

⑦这是六祖的付授偈。由于六祖认为法海等大弟子都是"信根淳熟，堪任大事"的法门龙象，因而决定依达摩祖师"一花开五叶"的旨意，不再单独付法给某一个人。

⑧形骸：身体，肉身。

⑨叶落归根，来时无口：这是六祖的预言，意思是自己既然回到故乡新州，就不会再活着回来了，无口即不能说话之意。

⑩正法眼藏：显示如来正法眼的宝藏，实指以心传心、不立文字的心法，不同于一般的三藏经典。

⑪这是六祖对后日之难的预言，五六年，指五加六共十一年，后至开元十一年（一说十年），新罗僧人金大悲雇张净满假扮成孝子到曹溪，欲取大师首级请回海东供养，未能得逞。"头上养亲"，即是孝子；"口里须餐"，即设斋供养；"遇满之难"，即张净满取首之难；"杨柳为官"，指主管的官员姓氏，当时刺史为柳无忝，县令为杨侃。

⑫这个七十年预言为《宝林传》作者智炬假造，掺入《坛经》。一出家菩萨，指马祖；一在家菩萨，指令韬弟子惠象。马祖于六祖灭后七十年盛化于江西，影响极大，重建南宗；惠象在曹溪修建伽蓝，光大祖庭。智炬属于南岳一系，故推崇马祖，又因在曹溪祖庭作《宝林传》，故不能埋没令韬、惠象一系的守护祖庭之功，所以立彰显二菩萨的七十年预言，以与独尊神会的二十年预言相对抗。

⑬七佛：以下七佛说源自部派佛教之时，在《阿含经》等早期经典中已有记载。

⑭过去庄严劫：佛教传说，在久远的过去世中，有一千佛相继住世，净化世间，庄严国土，故称"庄严劫"。

⑮毗婆尸佛：过去庄严劫第九百九十八位佛，此佛住世时，人寿八万岁。

⑯尸弃佛：过去庄严劫第九百九十九位佛，此佛住世时，人寿七万岁。

⑰毗舍浮佛：过去庄严劫第一千位佛，此佛住世时，人寿六万岁。

⑱今贤劫：佛教传说，我们现在的这个宇宙多有贤人，故称贤劫，此劫也有千佛住世。

⑲拘留孙佛：现在贤劫第一位佛，此佛住世时，人寿四万岁。

⑳拘那含牟尼佛：贤劫中第二位佛，此佛在世时，人寿三万岁。

㉑迦叶佛：贤劫第三位佛，此佛住世时，人寿二万岁。

㉒释迦文佛，即释迦牟尼佛。

㉓慧可大师：慧可（487~593），俗姓姬，河南虎牢人。四十岁遇达摩禅师，从学九年，为中国禅宗第二祖。

㉔僧璨大师：僧璨（？~606），生年家世不详，从学于慧可，为禅宗第三祖。

㉕道信大师：道信（580~651），俗姓司马，河内（治所在今河南沁阳）人。少年出家，从僧璨习禅，后在蕲州黄梅（今湖北省黄梅县）传法，倡导农禅并重的宗风，奠定了禅宗的宗派基础，为中国禅宗第四祖。

㉖悠悠：虚度光阴，不能精进用功。

㉗兀兀：不动的样子。

㉘腾腾：与兀兀相反，活泼自在的样子。

㉙荡荡：与寂寂相反，与外界交通、活动的样子。

㉚迁化：即逝世。

㉛缁白：即缁素，指僧俗两方，出家穿缁（黑色）衣，在家穿白衣，故以此代指出家、在家的信众。

㉜道具：资生顺道的器具，指僧尼日常所用的有助于资身修道的物品。

㉝主塔侍者尸之：主塔侍者即六祖弟子令韬，尸是主持的意思，即由令韬负责保管六祖真身并诸器物。

[译文]

　　祖师于太极元年壬子岁延和元年七月，命门人前往新州国恩寺建塔，并催促加紧完工。第二年夏末落成。先天二年七月一日，召集徒众道："我到八月，意欲离开世间，你等如果有疑问，必须早来问我，我为你们解疑，让你们迷惑尽除。我如果去后，就无人教你们了。"法海等人闻言之后，都悲痛哭泣。只有神会，神情不动，也没有哭泣。祖师道："神会资历最浅，只是一个侍者小法师，却能得到善与不善等而视之，毁誉不能动心，不生哀乐之情，其余的人都没得到。数年在山中，竟然修的什么道？你们如今悲痛泣下，为谁忧心？如果担忧我不知道去处，我自己知道该去何处。如果我不知道去处，终究不会向你们预报。你们悲哭，可能是不知道我的去处，如果知道我的去处，就不应该悲哭。法性本来没有生灭去来。你等都坐下，我为你们说一偈，名为《真假动静偈》。你等记诵这一偈，就与我的心意相同。依此修行，不失宗旨。"众僧礼拜，请祖师作偈。偈如下：

　　　　一切事物无有真，是故不应见到真。
　　　　如果得以见到真，这种所见都非真。
　　　　如果能够自有真，离开虚假心即真。
　　　　自心不能离虚假，自己无真何处真？
　　　　有情生命即会动，无情之物不会动。
　　　　如果修习不动行，同于无情不能动。

要想寻觅真不动，即于动上有不动。
不动瓦石是不动，无情之物无佛种。
能善分别诸法相，于第一义而不动。
只要如此有见解，即是真如起妙用。
报知诸位学道人，努力修行用心意。
切莫于此大乘门，却执生死世间智。
如果言下能相应，与之共论佛教义。
如果确实不相应，合掌令之心欢喜。
此宗本来无口争，争执就会失道意。
执著迷惑诤法门，即是自性入生死。

其时徒众闻听大师说偈后，一同行礼，都能体会师意，各各收摄自心，依法修行，再不敢诤，便知大师不再久住世间了。法海上座再拜问道："和尚去世之后，传法衣和心法应当传付何人？"大师道："我在大梵寺所说佛法，一直到今天，你等抄录流行，名为《法宝坛经》。你等守护此经，代代相传，度脱众生，只要依此，名为正法。今为你等说法，不再传传法衣。因为你等都是信根淳熟，决定了悟佛法，无所疑惑，能够承担大事。然而据先祖达摩大师传法偈意，传法衣到此不应再往下传。祖师偈道：

我本来到此东土，传授心法救迷情。
一花盛开有五叶，至此结果自然成。"

大师又道："各位善知识，你等各自净心，听我说法。如果想要成就万理尽通的一切种智，必须达到一相三昧，一行三昧。如果于一切地方都不住相，对于种种事相不生憎爱，也没有取舍，不考虑利益、成功、坏事等，心中安闲恬静，虚怀融通，淡泊平静，这就名为一相三昧。如果于一切地方，无论行走还是站立，不管坐下还是躺卧，纯粹是一种正直之心，不用离开道场，就将世间真变成了净土，这就叫一行三昧。如果有人具足这两种三昧，就如土地里有种子,对种子含之、藏之、长之、养之,使其果实成熟,一相、一行三昧,也是如此。我如今说法,犹如及时的雨露,普润大地,你等都具足的佛性,譬如种子,遇到这种好雨的滋润,全都发生出芽。继承我的意旨的人,一定能够获得菩提,依照我说修行的人,必定能够证得妙果。听我的偈:

心地含藏诸佛种,一遇普雨全发萌。

顿悟之花盛开后,菩提果实自然成。"

大师说偈之后,又道:"佛祖所传,其法无二,其心也是这样,其道清净无染,也没有各种外相。你等千万不要观缘静心,以及自空其心,此心本来清净,没有什么可以取舍。你等各自努力,随缘走好。"其时徒众,都礼拜了退下。

大师七月八日,忽然对门人道:"我想回新州,你等赶紧办理船只。"大众苦苦哀求大师留下来,坚持不让大师离去。大师道:"诸佛出现于世,况且显示涅槃;有来必然有去,合乎常理自然。我这个形骸身体,归去后必然有地方可住。"众人道:"大师从这里离去,什么时候回来?"大师道:"叶落归根,来时无言。"众人又问道:"正法眼藏,传付给谁?"大师道:"有道者可以得到,无心者能够通达。"又问:"后日不会有大难么?"大师道:"我入灭以后五六年,当有一个人来取我头,听我的预记:'头上奉养双亲,口里必须有餐。遇到满之难时,杨柳二人为官。'"大师又道:"我去世后七十年,有两个菩萨从东方来,一个出家,一个在家,同时大兴化导,建立我宗宗旨;修建伽蓝寺宇,昌隆禅门法嗣。"又问:"不知从上代佛祖应现于世以来,一共传授几代,愿闻大师开示。"大师道:"古佛应现世间,已经不知道数量,无法计算了。如今以前七佛为始,过去庄严劫有毗婆尸佛、尸弃佛、毗舍浮佛,现在贤劫有拘留孙佛、拘那含牟尼佛、迦叶佛、释迦牟尼文佛。这就是七佛。释迦文佛首先传给摩诃迦叶尊者,第二阿难尊者,第三商那和修尊者，第四优波鞠多尊者，第五提多迦尊者，第六弥遮迦尊者，第七婆须蜜多尊者，第八佛驮难提尊者，第九伏驮蜜多尊者，第十胁尊者，第十一富那夜奢尊者，第十二马鸣大士，第十三迦毗摩罗尊者，第十四龙树大士，第十五迦那提婆尊者，第十六罗睺罗多尊者，第十七僧伽难提尊者，第十八伽耶舍多尊者，第十九鸠摩罗多尊者，第二十阇耶多尊者，第二十一婆修盘头尊者，第二十二摩拏罗尊者，第二十三鹤勒那尊者，第二十四师子尊者，第二十五婆舍斯多尊者，第二十六不如蜜多尊者，第二十七般若多罗尊者，第二十八菩提达摩尊者，在东土为初祖。第二十九慧可大师，第三十僧璨大师，第三十一道信大师，第三十二弘忍大师。惠能是为第三十三祖。从上以来的诸位祖师，各有秉承师授。你等以后代代流传，不要使之有误。"

大师先天二年癸丑岁八月初三这天，于新州国恩寺用斋之后，告诉徒众道："你等各自依照位置坐下，我与你们告别。"法海说道："和尚留下什么教法，令后世迷人得见佛性？"大师道："你等仔细谛听，后代迷人，如果能够识得众生，即是得到佛性，如果不识众生，经历千世万劫，寻觅佛性，也难以相逢。我今天教你们认识自己心中的众生，见到自己心中的佛性。想要见佛，只要认识众生即可。只是由于众生迷惑不见自心佛性，不是佛性迷惑，不见众生。自性如果能够觉悟，众生上升为佛；自性如果迷惑，佛沦落为众生。自性平等，众生上升为佛；自性邪恶阴险，佛沦落为众生。你等自心如果险恶奸曲，那么佛就在众生中流落；自心一念平直，即从众生上升为佛。我心之中自有佛，自性之佛是真佛。自己如果无佛心，又于何处求真佛？你等自心是佛，再不要对此怀疑，自心之外，没有一物可以建立，都是由本心派生万事万物。所以经中说：'自心一生，种种法都随之产生；自心一灭，种种法都随之而灭。'我今天留下一偈，和你们告别，这首偈名为《自性真佛偈》。

后世的人，认识到此偈的真意，就会自见自己本心，自己成就佛道。偈如下：

真如自性便是真佛，邪见三毒就是魔王。
邪迷之时魔王在舍，正见之时诸佛在堂。
性中生起邪见三毒，即是魔王前来住舍。
正见自除三毒恶心，魔变成佛真实无假。
法身报身以及化身，三身本来就是一身。
若向性中能够自见，即是成佛菩提善因。
本从化身产生净性，净性常在化身之中。
净性使化身行正道，将来圆满真正无穷。
淫性本是净性之因，除淫之后即净性身。
性中各自远离五欲，刹那见性便即是真。
今生若遇顿教法门，忽明自性见到世尊。
要想修行外求作佛，不知何处准备求真？
若能心中自见己真，己真即是成佛之因。
不见自性向外觅佛，起此心者都是痴人。
顿教法门如今已留，救度世人还须自修。
报知将来学道之人，不作此见荒谬悠悠。"

大师说偈之后，告诉众人道："你等好自为之，我灭度后，不要有世人凡情，悲泣落泪。接受他人吊唁慰问，身穿孝服，这样的人不是我的弟子，也不合乎正法。只要认识自己本心，见到自己本性，无动无静，无生无灭，无去无来，无是无非，无住无往。恐怕你等心中迷惑，不会我意，今日再次嘱咐你等，令你等见性。我灭度后，依此修行，就如同我在世一样。如果违背我的教导，纵然我活在世上，也没有什么益处。"大师又说一偈：

兀兀自在不修善，腾腾随意不造恶。
寂寂无念断见闻，荡荡应化心无著。

大师说偈之后，端坐到三更时，忽然对门人道："我走了。"冥然迁化。当时异香满布室中，一道白虹从天至地，林木萧然变白，禽兽全都哀鸣。十一月，广州、韶州、新州三郡的官僚，和大师门人僧俗信众，争迎大师真身，难以决定到底迎归何地。大家便焚香祷告道："香烟所指向的地方，就是大师归身之处。"当时香烟直指曹溪。十一月十三日，迁大师真身神龛以及所传的衣钵回到曹溪。次年七月二十五日大师真身出龛，弟子方辩在真身上涂了一层香泥。门人回忆起大师有被人取头的预记，便事先用铁叶和漆布加固脖颈，安置真身入塔。忽然从塔内出现白光，直上冲天，过了三日才散去。韶州刺史将此祥瑞奏闻朝廷，有圣旨下，韶州奉旨立功德碑，纪大师道行。大师春秋七十六，二十四岁传衣得法，三十九岁剃度落发，正式出家，宣说佛法、利益群生三十七年，得其宗旨，传其心法者有四十三人，其他悟道超凡的弟子还有很多，不知数量。达摩大师所传的用以表信的传法袈裟，中宗所赐的磨衲僧衣、水晶宝钵，以及方辩塑的大师塑像和道具等，由主塔侍者令韬守护，永镇宝林道场。流传《坛经》，以显示宗旨，兴隆佛法僧三宝，普遍利益群生众人。

附 录

六祖大师法宝坛经略序

法海

大师名惠能。父卢氏,讳行瑫,母李氏,诞师于唐贞观十二年戊戌岁二月八日子时。时毫光腾空,异香满室。黎明,有二异僧造谒,谓师之父曰:"夜来生儿,专为安名,可上惠下能也。"父曰:"何名惠能?"僧曰:"惠者,以法惠施众生;能者,能作佛事。"言毕而出,不知所之。师不饮乳,夜遇神人灌以甘露。

既长,年二十有四,闻经悟道。往黄梅求印可。五祖器之,付衣法,令嗣祖位,时龙朔元年辛酉岁也。

南归隐遁一十六年,至仪凤元年丙子正月八日,会印宗法师诘论玄奥,印宗悟契师旨。是月十五日,普会四众,为师薙发。二月八日,集诸名德,授具足戒。西京智光律师为授戒师,苏州慧静律师为羯磨,荆州通应律师为教授,中天耆多罗律师为说戒,西国蜜多三藏为证戒。其戒坛,乃宋朝求那跋陀罗三藏创建,立碑曰:"后当有肉身菩萨于此受戒。"又梁天监元年,智药三藏自西竺国航海而来,将彼土菩提树一株,植此坛畔,亦预志曰:"后一百七十年,有肉身菩萨于此树下开演上乘，真传佛心印之法主也。"师至是祝发受戒，及与四众开示单传直指之法旨，一如昔谶。

次年春，师辞众归宝林。印宗与缁白，送者千余人，直至曹溪。时荆州通应律师，与学者数百人，依师而住。师至曹溪宝林，观堂宇湫隘，不足容众，欲广之，遂谒里人陈亚仙曰："老僧欲就檀越求坐具地，得不？"仙曰："和尚坐具几许阔？"祖出坐具示之，亚仙唯然。祖以坐具一展，尽罩曹溪四境，四天王现身，坐镇四方。今寺境有天王岭，因兹得名。仙曰："知和尚法力广大，但吾高祖坟墓并坐此地，他日造塔，幸望存留。余愿尽舍，永为宝坊。然此地乃生龙白象来脉，只可平天，不可平地。"寺后营建，一依其言。

师游境内，山水胜处辄憩止，遂成兰若一十三所，今曰"花果院"，隶籍寺门。其宝林道场，亦先是西国智药三藏，自南海经曹溪口，掬水而饮，香美，异之。谓其徒曰："此水与西天之水无别，溪源上必有胜地，堪为兰若。"随流至源上，四顾山水回环，峰峦奇秀。叹曰："宛如西天宝林山也。"乃谓曹侯村居民曰："可于此山建一梵刹，一百七十年后，当有无上法宝于此演化，得道者如林，宜号宝林。"时韶州牧侯敬中，以其言具表闻奏，上可其请，赐"宝林"为额，遂成梵宫，盖始于梁天监三年也。寺殿前有潭一所，龙常出没其间，触挠林木。一日，现形甚巨，波浪汹涌，云雾阴翳，徒众皆惧。师叱之曰："你只能现大身，不能现小身，若为神龙，当能变化，以小现大，以大现小也。"其龙忽没，俄顷复现小身，跃出潭面。师展钵试之，曰："你且不敢入老僧钵盂里。"龙乃游扬至前，师以钵舀之，龙不能动。师持钵归堂上，与龙说法，龙遂蜕骨而去，其骨长可七寸，首尾角足皆具，留传寺门。师后以土石堙其潭，今殿前左侧有铁塔处是也。（录自明版正统本《坛经》）

附　录

令　韬

师入塔后，至开元十年壬戌八月三日，夜半，忽闻塔中如拽铁索声。众僧惊起，见一孝子从塔中走出。寻见师颈有伤，具以贼事闻于州县，县令杨侃，刺史柳无忝，得牒切加擒捉。五日，于石角村捕得贼人，送韶州鞠问，云姓张，名净满，汝州梁县人，于洪州开元寺，受新罗僧金大悲钱二十千，令取六祖大师首，归海东供养。柳守闻状，未即加刑，乃躬至曹溪，问师上足令韬曰："如何处断？"韬曰："若以国法论，理须诛夷。但以佛教慈悲，冤亲平等，况彼求欲供养，罪可恕矣。"柳守加叹曰："始知佛门广大。"遂赦之。上元元年，肃宗遣使，就请师衣钵，归内供养。至永泰元年，五月五日，代宗梦六祖大师请衣钵。七日，敕刺史杨缄云："朕梦感能禅师请传衣袈裟，却归曹溪。今遣镇国大将军刘崇景顶戴而送。朕谓之国宝，卿可于本寺如法安置，专令僧众亲承宗旨者，严加守护，勿令遗坠。"后或为人偷窃，皆不远而获，如是者数四。宪宗谥大鉴禅师，塔曰元和灵照。其余事迹，系载唐尚书王维、刺史柳宗元、刺史刘禹锡等碑。守塔沙门令韬录。（录自明版正统本《坛经》）

《宋高僧传·慧能传》

释慧能，姓卢氏，南海新兴人也，其本世居范阳，厥考讳行瑫，武德中流于新州百姓，终于贬所。略述家系，避卢亭岛夷之不敏也。贞观十二年戊戌岁生能也，纯淑迂怀，惠性间出，虽蛮风獠俗，渍染不深，而诡行么形，驳杂难测。父既少失，母且寡居，家亦屡空，业无胰产。能负薪矣，日售荷担。偶闻廛肆间诵《金刚般若经》，能凝神属垣，迟迟不去。问曰："谁边受学此经？"曰："从蕲州黄梅冯茂山忍禅师，劝持此法，云即得见性成佛也。"能闻是说，若渴夫之饮寒浆也。忙归，备所须，留奉亲老。

咸亨中，往韶阳，遇刘志略。略有姑无尽藏，恒读《涅槃经》。能听之，即为尼辨析中义。怪能不识文字，乃曰："诸佛理论，若取文字，非佛意也。"尼深叹服，号为行者。有劝于宝林古寺修道，自谓己曰："本誓求师，而贪住寺，取乎道也，何异却行归舍乎？"明日遂行，至乐昌县西石窟，依附智远禅师侍座谈玄，远曰："行者迨非凡常之见龙？吾不知，吾不知之甚矣！"劝往蕲春五祖印证去，"吾终于下风请教也。"

未几造焉。忍师睹能气貌不扬，试之曰："汝从何至？"对曰："岭表来参礼，唯求作佛。"忍曰："岭南人无佛性。"能曰："人有南北，佛性无南北。"曰："汝作何功德？"曰："愿竭力抱石而舂，供众而已。"如是劳乎井臼，率净人而在先；了彼生死，与涅槃而平等。

忍虽均养，心何辨知？俾秀唱予，致能知汝。偈辞在壁，见解分歧，揭厉不同，浅深斯别。忍密以法衣寄托，曰："古我先师转付授，岂徒尔哉！呜呼！后世受吾衣者，命若悬丝，小子识之。"

能计回生地，隐于四会、怀集之间，渐露锋颖。就南海印宗法师《涅槃》盛集，论风幡之语，印宗辞屈而神伏，乃为其削椎髻，于法性寺智光律师边受满分戒，所登之坛，即南宋朝求那跋摩三藏之所筑也。跋摩已登果位，悬记云："后当有肉身菩萨于斯受戒。"又梁末真谛三藏于坛之畔手植菩提树，谓众曰："种此后一百二十年，有开士于其下说无上乘，度无量众。"至是能爰宅于兹，果于树阴开东山法门，皆符前谶也。

上元中，正演畅宗风，忽惨然不悦。大众问曰："胡无情绪耶？"曰："迁流不息，生灭无常，吾师今归寂矣。"凶赴至而信。乃移住宝林寺焉。时刺史韦據命出大梵寺，苦辞，入双峰曹侯溪矣。

大龙倏起，飞雨泽以均施；品物攸滋，逐根荄而受益。五纳之客拥塞于门，四部之宾围绕其座。时宣秘偈，或举契经，一切普熏，咸闻象藏；一时登富，悉握蛇珠；皆由径途，尽归圆极，所以天下言禅道者，以曹溪为口实矣。洎乎九重下听，万里悬心，思布露而奉迎，欲归依而适愿。武太后、孝和皇帝，咸降玺书，诏赴京阙，盖神秀禅师之奏举也。续遣中官薛简往诏，复谢病不起。子牟之心敢忘凤阙，远公之足不过虎溪，固以此辞，非邀君也。遂赐摩衲袈裟一缘，钵一口，编珠织成经巾，绿质红晕花绵巾，绢五百匹，充供养云。又舍新兴旧宅，为国恩寺焉。神龙三年，敕韶州，可修能所居寺佛殿并方丈，务从严饰，赐改额曰"法泉"也。延和元年七月，命弟子于国恩寺建浮图一所，促令速就。以先天二年八月三日俄然示疾，异香满室，白虹属地，饭食讫，沐浴更衣，弹指不绝，气微目瞑，全身永谢。尔时山石倾堕，川源息枯，鸟连韵以哀谛，猿断肠而叫咽。或唱言曰："世间眼灭，吾畴依乎！"春秋七十六矣。以其年十一月迁座于曹溪之原也。

弟子神会，若颜子之于孔门也，勤勤付嘱，语在《会传》。会于洛阳荷泽寺崇树能之真堂，兵部侍郎宋鼎为碑焉。会序宗脉，从如来下西域诸祖外，震旦凡六祖，尽图缋其影。太尉房琯作《六叶图序》。又以能端形不散，如入禅定，后加漆布矣。复次蜀僧方辩塑小样真，肖同畴昔。能曾言："吾灭后有善心男子必取吾元，汝曹勿怪。"或忆是言，加铁环缠颈焉。开元十一年，果有汝州人受新罗客购，潜施刃其元，欲函归海东供养。有闻击铁声而擒之。其塔下葆藏屈眴布，郁多罗僧，其色青黑，碧缣复袷，非人间所有物也。屡经盗去，迷倒却行而还褫之。至德中，神会遣弟子进平，送牙痒和一柄。朝达名公所重，有若宋之问谒能，著长篇。有若张燕公说寄香十斤并诗，附武平一至，诗云："大师捐世去，空留法身在。愿寄无碍香，随心到南海。"武公因门人怀让铸巨钟，为撰《铭赞》，宋之问书。次广州节度宋璟来礼其塔，问弟子令韬无生法忍义。宋公闻法欢喜，向塔乞示征祥。须臾微风渐起，异香袭人，阴雨霏霏，只周一寺耳。稍多奇瑞，遒繁不录。后肃宗下诏能弟子令韬，韬称疾不赴，遣明象赍传法衣钵进呈毕，给还。宪宗追谥曰"大鉴"，塔曰元和正真也。迨大唐季，刘氏称制番禺，每遇上元烧灯，迎真身入城，为民祈福。大宋平南海后，韶州盗周思琼叛换，尽焚其寺，塔将延燎，平时肉身，非数夫莫举，烟燻向逼，二僧对舁，轻如夹纻像焉。太平兴国三年，今上敕重建塔，改为南华寺矣。（录自《宋高僧传》，中华书局1987年版。）

《六祖坛经》的理论创新与禅宗思想本土化

六祖惠能是中国佛教史和中国思想史上最具创造性的大师之一，也是将印度佛教与中国本土文化完美结合、使印度禅宗转型为中国禅宗的关键人物。经过他的思想创造与弘化实践，中国禅宗进入一个新的历史阶段，成为中国佛教的主流宗派，也使禅宗走向民间，深入基层，形成向社会各个阶层、各种群体、各种文化全面覆盖的新局面，从而造就了中国禅宗的千年繁荣、兴盛至今的良好发展趋势。

六祖惠能的思想主要体现在《坛经》之中，而《坛经》之命名首先就是一个大胆的创新。

据《坛经》：

> 法海上座再拜问曰："和尚入灭之后，衣法当付何人？"师曰："吾于大梵寺说法，以至于今，抄录流行，目曰《法宝坛经》。汝等守护，递相传授，度诸群生。但依此说，是名正法。"

如此可知《法宝坛经》的名称出自六祖本人，将自己的作品冠以经名，这在中国佛教史上几乎是空前绝后的，当时也是前所未有的创举，这体现了六祖大师的高度自信和打破常规的勇气。那么为什么称之为经，而不依照习惯称之为"论"呢？

据慧远《大乘起信论义疏》卷一：

> 所言论者，简异佛经之辞也。若通言之，一切皆论，谓五明论是也；一切皆经，谓五经是也。若别言之，佛所说者名之为经，若余人说，佛所印可亦名为经，如《维摩》、《胜鬘》等是也。若佛灭度后，圣人自造解释佛经，名之为论；凡夫所造名为义章。今此论者，佛灭度后菩萨所造，名之为论。论者

所谓宾主相谈，因之为论。故言《大乘起信论》也。言马鸣菩萨造者，是为题其论主名也。①

在净影慧远所处的南北朝时期，称之为论已经是难得的突破了，因为对于佛经的解释之作，如果是圣人所造才能称之为论，凡夫所造只能称为义章。当时中国人的佛教作品也只能称为义章，因为没有一个人敢自称菩萨圣人。这就造成了《大乘起信论》（以下简称《起信论》）的千古谜案，此论本来是慧光大师之作，只是因为传播的方便，为了使其流通更加广泛，只好加上马鸣菩萨的名号，使之从标准国货、民族品牌变成了印度制作，因为印度制作是高质量的标志，外来和尚会念经。

当然，这次贴牌从传播方面确实是成功的，正是有了马鸣菩萨的显赫旗号，《起信论》加上了神圣的光环，使其精深的理论价值得到广泛的承认，从而成为中国佛教各个宗派共同尊奉的经典。然而，地论师自己却有些后悔，为祖师抱屈，后来又宣称此非马鸣菩萨所造，而是地论师所造，借菩萨名目之，不过这种说法不为他人信受，反而有贪天之功为己有之嫌。因为一个善意的谎言，后来再说实话也就没人信了，可谓假作真时真亦假。

然而，从长远来看，这次贴牌又是失败的，明明是民族品牌、本土制作，非要打上印度制造的标签，结果只能是为印度佛教增光添彩，使中国佛教继续充当跟随者的角色，完全体现不出来自己的独立性与创造性。直到现在，还有人不知道《起信论》的真正作者和真实身份，不理解中国祖师的创造性贡献。这一事件至少体现了以慧远为代表的地论师后辈缺少文化自信与理论自信，从内心深处缺少自我认同，导致埋没了祖师造论之功。从这一方面来说，地论师还不如天台宗，天台宗还悄悄地将智者大师著作称为《观心论》，好像这样也

---

① 《大正藏》44 册，第 175 页下。

没人群起而攻之。

六祖惠能是一个高度自信的大师，他没有再犯地论师的错误，而是公开将著作称之为经，这更是一个石破天惊的创举。现在还有学者称惠能作品最初只是叫《坛语》，不可能敢称为经，这是对六祖不够了解的体现。

六祖惠能从一开始就是一个非常自信的人，学佛伊始就奠定了开悟成佛的信心，树立了一心作佛的目标。

据《坛经》：

> 五祖问惠能曰："汝何方人，欲求何物？"惠能对曰："弟子是岭南新州百姓，远来礼师，惟求作佛，不求余物。"祖言："汝是岭南人，又是獦獠，若为堪作佛？"惠能曰："人虽有南北，佛性本无南北。獦獠身与和尚不同，佛性有何差别？"五祖更欲与语，且见徒众总在左右，乃令随众作务。惠能曰："惠能启和尚，弟子自心，常生智慧；不离自性，即是福田。未审和尚教作何务？"祖云："这獦獠根性大利！汝更勿言，著槽厂去。"

惠能初见五祖，便树立了"惟求作佛，不求余物"的远大目标，哪怕是受到五祖的故意打压，也毫不动摇自己的信心，坚持人人皆有佛性、众生同一法身的理念，相信自己一定能够成佛。他还认为智慧源自自心、自性即是福田，认识自我、坚持自性就能成就，得到五祖的夸奖和认可。

惠能的自信在五祖门人是首屈一指的，学问博大、修行功深如神秀，在呈偈之时也免不了犹犹豫豫，竟然一十三度呈偈不得，最后勉强书于廊下，写完之后又前思后想，坐卧不安。这本身表明他对自己的见地不够自信，当然无法发挥最高水平。其他人更是对神秀五体投地，早早认定"神秀上座现为教授师，必是他得"，决定"我等已后依止秀师"，根本不打算呈偈。

在这种情况下，似乎根本没有资格呈偈的行者惠能却判断出神秀偈语的硬伤，即缺乏创造性，大胆呈偈，敢与神秀抗衡，并且相信自己的偈语更胜一筹。惠能的自信打动了五祖，五祖也深信这个年轻的行者将来必有前途，能够承担起复兴禅宗的重任，因此不拘一格降人才，破例将六祖之位传付给一位无学历、无资历、无来历的年轻人。这在他人看来是一个极端冒险的行为，却让自信的五祖和更加自信的惠能完成了。

惠能无与伦比的自信赋予他强大的创造力，信为道源功德母，生长一切诸善法，而佛教的信心不仅是对诸佛菩萨三宝的信仰，更是对自己的信心，自信才是佛教信仰的根本，这正是佛教迥异于以他信为本的一神教之处。

相信自己，相信自己就是佛，把自己作为佛来要求来看待，这么一来就把信仰提升到一个最高的层次，六祖惠能的自信就是这么来的。和佛教的佛性思想，和如来藏思想，和禅宗历代祖师所讲的法门都是相互关联的，都是完全一致的，所以六祖惠能大师一生说法，从始至终都是高度自信，他认为自己已经到佛的境界了，从来不犹豫，从来不动摇，任何人提问题，无论提多难的问题，他都不回避，都会马上做出正面的回应，而且回应得非常到位，非常善巧，如果没有智慧、没有境界，是完全做不到的。

惠能大师本人高度自信，但他又不局限于个人的自信，因为他是禅宗的祖师，是中国佛教的代表人物，他的思想和人格也是中华民族精神的体现和象征，所以他把个人的自信进一步升华为民族的自信，国家的自信，中国的自信，东方的自信。[①]

由于近代以来中国一直处在落后挨打的境地，因此中国的自信心也大受挫折，认为自己事事不如人，处在全面落后的状态，甚至认为自己的文化、语言、文字和人种都出了问题，导致崇洋媚外现象大行

[①] 参见徐文明《坛经的智慧》。

其道，至今依然。

六祖的时代也有类似的问题，当时对于印度、对于西方的盲目信仰和过分崇拜仍然严重，很多人不理解佛法不在印度而在中国的现实，依然唯印度马首是瞻，只要是印度的就是真经，是中国的就是伪经；西方才是净土，东方只是秽土。面对这一现象，惠能发出了自己的声音。

据《坛经》：

刺史又问曰："弟子常见僧俗，念阿弥陀佛，愿生西方，请和尚说，得生彼否？愿为破疑。"

师言："使君善听，惠能与说。世尊在舍卫城中说西方引化，经文分明，去此不远。若论相说里数，有十万八千，即身中十恶八邪，便是说远。说远为其下根，说近为其上智。人有两种，法无两般。迷悟有殊，见有迟疾。迷人念佛，求生于彼，悟人自净其心。所以佛言：随其心净即佛土净。使君东方人，但心净即无罪。虽西方人，心不净亦有愆。东方人造罪，念佛求生西方；西方人造罪，念佛求生何国？凡愚不了自性，不识身中净土，愿东愿西，悟人在处一般。所以佛言：随所住处恒安乐。使君心地但无不善，西方去此不遥；若怀不善之心，念佛往生难到。今劝善知识，先除十恶，即行十万；后除八邪，乃过八千。念念见性，常行平直，到如弹指，便睹弥陀。使君但行十善，何须更愿往生；不断十恶之心，何佛即来迎请？若悟无生顿法，见西方只在刹那；不悟念佛求生，路遥如何得达？"

惠能事实上否定了外在的西方极乐世界的存在，他认为万法由心，净土在内不在外，由己不由人。所谓净土有十万八千里之远，事实上是代表人的十恶八邪炽盛，隔断了自我净化之路。下根迷惑不修，自然离净土遥远；上智自净其意，净土就在身边。心净即佛土净，与所处的方所、户籍无关。因此盲目崇拜西方是错误的，西方人造罪，同样会下地狱；东方人心善，同样超升净土。觉悟者只会关注心地的善恶染净，不会考虑地方的东西南北；而迷惑的人则会愿东愿西，老是在表象上下功夫。

惠能打破了对于西方净土（实际上暗示印度佛教）的迷信，树立了中国佛教的自信。当时印度佛教事实上已经开始走下坡路了，而中国佛教，特别是禅宗正在冉冉上升，中国禅宗的领袖也是整个佛教世界的领袖，中国佛教正成为整个佛教世界的中心和重心，在这种情况下，依然过分崇拜印度佛教是没有意义的。

提升中国佛教的自信心是六祖惠能最大的贡献之一，因为当时中国佛教，特别是普通信徒最缺乏自信，这同样是佛教本土化的根本体现。所谓本土化、中国化，事实上是指外来文化和思想与中国本土文化的相互适应与融合，众所周知，佛教的中国化是外来宗教和文化本土化的一个成功的样板，至今得到广泛的认同和效仿。外来文化必须经过本土化才能生根发芽，茁壮成长。

六祖通过提升中国佛教的自信心，促进了佛教的中国化。他将自己的著作命名为《法宝坛经》，表明其为无上法宝，是最高级别的经，这在当时的印度佛教界，也没有人敢于这么做，也没人有这种自信。这绝非一个简单的命名问题，而是向整个佛教世界宣示，佛教的中心在中国，佛教的精神领袖同样在中国，中国佛教大师的作品就是不折不扣的真经，六祖惠能就是那个时代的佛陀，就是现世之佛。

六祖惠能还致力儒家思想佛教化，将佛教渗透到传统的儒家地盘，完成佛儒融通，将两家的先进思想整合在一起，使佛教生活化、民间化、现世化，成为改造现实社会、提升生活质量的有效力量。六祖长期当居士，并且以居士的身份受法得衣，因此他非常关注居士的力量，理解居士的感受，强调"若欲修行，在家亦得，不由在寺"，这与其认为西方人没有修行成佛的优先权一样，认为出家人并非占据天然的优势，真正修行，不仅与东方西方无关，也与出家在家关系不大。无论当时后世,这些都是振聋发聩、富有勇气的创造性思想。

六祖还特别关注下层社会、特别是文化水平不高、甚至不识字的人的学佛权利,关心社会最底层的弱势群体的前途与命运,希望通过佛法化解他们的苦难,改善他们的生活,提高他们的幸福感,让他们同样有机会听闻无上佛法,有机会成就佛果。

为了便于普通人了解佛法,《六祖坛经》在形式上与印度佛经有较大的区别,语言风格也更适合中国的普通民众。

据徐文明《六祖坛经译注》之《前言》:

> 六祖惠能还是一个出色的民间诗人和口头文学家,达到了出口成章、"文质彬彬"的程度,不知这是由于天性使然,还是南方"獦獠"爱好歌咏的风气的熏陶,亦或佛教大智慧的体现,无论如何,这同样是令人称奇的。在《坛经》中,六祖不仅留下了十几首偈颂,还在其说法过程中暗含了不少随口道出的篇什、韵文,文质相应,言简理当,虽然不讲究语言的华丽,却都是易记易诵、朗朗上口的好诗。

这一说法,至今看来,仍然有道理。惠能不识字,或者识字不多,然而绝对不是一个没有文化的人,但他长期身在下层,理解下层民众的感受,决心创造一种新的文体,更加适合普通民众理解佛法。如今看来,这一做法是非常成功的。《坛经》当时类似于白话,但又有大量的诗歌民谣,同样有文采,语言特别生动,使人喜闻乐见,爱不释手。今天的人看《坛经》,照样没有太多的语言障碍,这正是《坛经》的成功之处。

总之,《坛经》在很多方面富有创造性,特别是在本土化、中国化、民间化、通俗化方面,有一系列的创新之处,推动了禅宗与中国佛教的本土化,提高了中国佛教的自信心与创造力,提升了中国佛教的世界形象与国际影响,为中国禅宗的长期繁荣与持久兴盛奠定了坚实的理论基础。

六祖惠能的和谐思想

六祖惠能大师是中国佛教史上最具创造力的思想家，他将中、印两国文化的精髓融为一体，独创了一个崭新的富有特色的佛教思想体系，其理论既有创造性，又特别具有超前性，每个时代都能从中汲取符合当时需要的精神营养。在提倡和谐精神、建设和谐社会的今天，六祖的和谐思想和实践同样是不可缺少的思想资源。

一、心量广大如虚空，世界万物无不容。

要想建设和谐社会，就必须相互包容，而要做到相互包容；就必须心量广大，胸怀宽阔。六祖倡导摩诃般若波罗蜜法，强调要有一颗大心，认为大心才能包容一切，大心才能获得解脱。他指出：

> 何名摩诃？摩诃是大。心量广大，犹如虚空，无有边畔，亦无方圆大小，亦非青黄赤白，亦无上下长短，亦无嗔无喜，无是无非，无善无恶，无有头尾。诸佛刹土，尽同虚空。世人妙性本空，无有一法可得。自性真空，亦复如是。
>
> 善知识，莫闻吾说空，便即著空。第一莫著空。若空心静坐，即著无记空。善知识，世界虚空，能含万物色像。日月星宿，山河大地，泉源溪涧，草木丛林，恶人善人，恶法善法，天堂地狱，一切大海，须弥诸山，总在空中。世人性空，亦复如是。
>
> 善知识，自性能含万法是大。万法在诸人性中。若见一切人，恶之与善，尽皆不取不舍，亦不染著，心如虚空，名之为

大。故曰摩诃。①

六祖把摩诃解释为心大，这是一个创造性的解释，抓住了其本质。因为这个大不是有形的大，不是庙大，不是佛大，不是楼大，而是无形的大，是心量的广大。山不在高，有仙则灵；庙不在大，有佛则名，这个佛也不是金石之佛，而是活的佛，是心中的佛。如今社会则反其道而行之，大学不去培养大师，而忙于建造大楼，不去追求高水平，大气象，而是追求大规模，校园越来越大，人数越来越多，投入越来越高，水平不能说越来越低，效益却实实在在越来越低，产出与投入越来越不成比例。佛教界似乎也学会了这一套，甚至有过之而无不及，看谁的庙建的最大，看谁的佛塑得最高，相互攀比，可惜弄错了方向，往往是外面的佛越来越大，里面的佛越来越小；排场越来越大，心量越来越小。

有形之大往往会助长人的贪欲，使人相互攀比，相互争夺，加剧社会矛盾，引发社会冲突，在这方面的比较和追求有很大的负面作用，不能一味提倡，无形之大、心量之大、胸怀之大、志气之大才是应当追求的目标，这方面越大，相互矛盾就越少，彼此理解就越多，社会就越和谐。

要想做到心量广大，就必须心如虚空。一是因为虚空没有边际，没有上下大小，没有内外方圆，无色无碍，虚空代表无限大，不可度量，是真正的无限。二是由于虚空没有分别心，没有价值判断，无是无非，无善无恶，无美无丑，也没有喜怒哀乐，没有情绪。人一生分别，就有善恶是非，就会执著于为善去恶，心量就小了一半，而且往往会只认同和自己立场利益相符合的一部分，这一部分占的比例事实上很低，因此世界的一大半都是拒斥的对象，心中所能容纳的只有很小的一块，心量自然变得很小。只有心如虚空，无所分别，才能广大

---

① 见本书第15页。

无边，无所不容。

心量是大是小，最主要的标准就是看其包容性如何。真正的大心，就是能做到无所不容，无论是山河大地、日月星辰等自然万物，还是世间的善人恶人、是非美丑等社会万象，都能含容包举。尤其是对社会百态，能做到于善不取，于恶不舍，对于善人善事不执著，对于坏人坏事不舍弃。

对于自己不喜欢的人和事能不能包容，这更是衡量人的心量大小的关键。党同伐异是人的本性，对于自己不喜欢，甚至和自己有仇的人如何相处，可以体现人的修养高低。老子主张以德报怨，孔子则对此表示反对，主张以直报怨，以为假如以德报怨，则无可报德，可见孔子及其所代表的儒家分别心还是比较重。六祖发扬佛教的根本精神，主张无怨无亲，无善无恶，心无分别，因此也无所谓报与不报。

心量广大，虚怀若谷，容人所不能容，忍人所不能忍，如此就会化敌为友，消除矛盾，这正是建设和谐社会的前提和基础。

二、修道常自见己过，行正不论他人非。

人非圣贤，孰能无过，有过而能自我反省，知错能改，不贰过，不犯同样的错误，就很难得，因此经常性的反思和忏悔是十分必要的。然而有些人一反思，就只想到别人的错误，就会怨天尤人，如此反思，就导致越反思越生气，越反思越糊涂，甚至可能导致发生报复社会、危害他人的恶性事件。六祖有一无相颂，对于修行者如何反思和修行指出了一条正确路线，他指出：

> 世人若修道，一切尽不妨。
> 常自见己过，与道即相当。
> 色类自有道，各不相妨恼。
> 离道别觅道，终身不见道。
> 波波度一生，到头还自懊。

> 欲得见真道，行正即是道。
> 自若无道心，暗行不见道。
> 若真修道人，不见世间过。
> 若见他人非，自非却是左。
> 他非我不非，我非自有过。
> 但自却非心，打除烦恼破。
> 憎爱不关心，长伸两脚卧。①

在这里，六祖特别强调修行者要"常自见己过"，认为只有这样才能与道相当。经常发现自己的过失，才能改正错误，获得进步；经常反省自己的问题，才不会归罪他人，才会为自己的过失给别人带来的麻烦而表示歉意和忏悔，才能取得他人的谅解，从而减少彼此矛盾，促进相互来往和友谊。

六祖还认为"色类自有道"，各色各类的生命都有自己特定的道，都有自己独有的修行机缘和方式，不应该相互妨碍。家家门口有长安道，条条大路通罗马，每个人只要努力精进，都有可能觉悟成佛，不必邯郸学步，更不应朝秦暮楚。假如只会盲目效仿他人，缺乏自信，离开自己的特长而向外求取，依照别人的脚来寻求最适合自己穿的鞋子，那就永远找不到正确的方向，终身不能见道。

更有一种人是盲目自信，唯我独尊，对任何人都瞧不上，以为别人都是错的，只有自己最英明，还以此为理由随意干预他人的生活方式，并将这种干预合理化，以为是治病救人，其实这是以己度人，很多时候是好心办坏事，欲利人而实害人。庄子讲过不少此类的寓言，如鲁侯养鸟、为混沌开七窍等，其症结就在于把自己的喜好强加于他人，以己之所欲为人之所欲，而忽略了物性各别，各有其道。因此修行者应当各行其道，不要干预他人，不应强求他人接受自己的修行方

---

① 见本书第19页。

式,更不能宣称只有自己的道路才是唯一正确的。只要每个人都能做好本分事,依照自己最合适的方式努力精进,使各种生命各自按照自己的轨道并行不悖,就会营造一个和谐安定的环境。

当今世界干预主义盛行,信仰自由无法保证,这是世界不和平、社会不和谐的重要原因。美国人对自己的宗教文化、社会制度和生活方式过于自信,可以说是盲目自信,喜欢用国家力量在世界各地强制推行自己的制度和文化,结果很不成功,不仅给当地的文化和人民带来了严重的灾难,也给美国人自身带来了不必要的麻烦和祸害。暴力崇拜和恐怖主义盛行,给人类带来了深重的灾难,其根源就是自以为是,以人为非,并且认为自己有权力用武力改正他人的"错误",对他人缺乏基本的尊重,对其他文化的特性没有深刻的认识,不理解文化多元的意义。

六祖认为,真正修道的人不会看见世间的过错,这不是无知和愚蠢,而是宽容和智慧。退一步说,即便看到了他的过失、不是,也不要跟着犯错误。他犯错误是他的问题,他会为此受报应,我若受他的影响,跟着他犯错,那就成了我的错误了。这个道理并不复杂,但在现实中却不易处理。譬如说,经常可以看到很多人不守交通规则,并且为此受益,节省了时间,也没受惩罚,我们是不是也跟着学,投机取巧,损他利己呢?还有很多人贪污受贿,走私贩毒,以各种不正当的方式获取暴利,严重破坏了社会公平与和谐,可不但没受惩罚,还步步高升,我们应该怎么办?六祖告诉我们,宁可为善而受百害,也决不因为恶而获一利。通过不正当的方式获得利益,这种利益终究是大害,由于为善而受委屈,受到打击报复,这种侵害也只是一时的,终究会有善利,善有善报,恶有恶报,因果不失,报应不爽。

在现实社会中,经常遇到种种不公平、不合理的事,遭受非理伤害也是很常见的,在这种情况下,不应当以暴易暴,他非不是我非的理由,不能因为受到坏人的伤害就把自己变成坏人,过度报复,以恶止恶，就会使社会更加不公平，自己也未必得到好处，反而会受到更大的伤害。适度的忍耐，是更好的解决问题的方式，感化和爱心远远胜过报复与仇恨。把对某一国家和政府的仇恨发泄在普通国民身上，是完全错误的；将这种仇恨发泄到完全无辜的本国同胞身上，更是毫无道理。无论什么情况下，都没有滥用暴力的理由。不管他人之是非，一定要保证我不非，只有这样才能减少社会冲突。

他非我不非，我自无非行，还不是最高境界。六祖强调要去除非心，把心中的恶念完全去掉，这样就能消除烦恼，无忧无虑。俗话说得好，"为人不做亏心事，不怕半夜鬼叫门"。不仅不做亏心事，还要扫除所有的邪见，无憎无爱，无是无非，如此才能自由自在，心安理得。如果每个人都能如此无善无恶，老实本分，社会就不怕不太平。

六祖在教化神会时亦强调"吾之所见，常见自心过愆，不见他人是非好恶"①，对神会喜欢争强好胜、不肯服输进行了严厉的批评，可见这是教化弟子时经常讲的道理，也表明他有预见性，知道神会日后会向他人发难，是故特意诱导劝化，希望他以大局为本，不要与人争是非。可惜神会并未真正记住六祖的教诲，后来还是与北宗辩论，虽然表面上为南宗争了一口气，却破坏了双方的关系，影响了整个禅宗的安定团结。

三、心平行直亲父母，恩义忍让真修行。

佛教一向被视为出世间的宗教，其修行方式也是以此为本而建立的，并不完全适合在家人，如何将佛教的修行与世间生活结合起来，使佛教道德真正成为世人都能接受奉行的生活准则，这是一个很大的课题，六祖对此进行了深入的研究，给了一个很好的答案。他指出：

心平何劳持戒，行直何用修禅？

---

① 见本书第88页。

> 恩则亲养父母,义则上下相怜。
> 让则尊卑和睦,忍则众恶无喧。
> 若能钻木出火,淤泥定生红莲。
> 苦口的是良药,逆耳必是忠言。
> 改过必生智慧,护短心内非贤。
> 日用常行饶益,成道非由施钱。
> 菩提只向心觅,何劳向外求玄?
> 听说依此修行,天堂只在目前。①

这是六祖应韶州韦琚之请,在大梵寺为在家弟子所示的一个无相颂,是在家修行的要方。

六祖指出,持戒修禅都是形式,不可执著,持戒的目的是心中平和,做到心中平和就不必再拘泥于持戒的形式了;修禅的目的是行为正直,做到行为正直就不必再计较坐禅的方式了。在家修行,第一步就是处理好家庭关系,家庭关系的核心就是父子关系。为人子女,对父母必须孝敬,孝敬不仅表现在能够赡养父母,犬马也知能养,关键是色难,就是说能够发自内心地亲近父母,尊敬父母,发之于内,才能形之于外,才能对父母和颜悦色。六祖惠能是个大孝子,他对孝道的理解更深一层。父母儿女之间不仅要礼节上互敬,经济上互养,更重要的是一种亲情,只有保持亲情,互爱互亲,才能做到父慈子孝,家庭和睦。

父子有恩是家庭和谐的保证,上下有义则是社会和谐的前提。六祖认为,义的本质就是上下相互怜惜,同样是一种感情关系。上下级关系并不好处理,经常被理解为管理与被管理的关系,雇佣与被雇佣的关系,利益关系,因此很容易导致关系紧张。上对下无恩无情,则下欺上,不会认真工作,只想获得利益,一旦上级倒台,则树倒猢狲

---

① 见本书第40页。

散,甚至落井下石。下对上不忠不敬,则上压下,只想着如何通过剥削下级获得更大的利益,根本不会考虑下级的承受力和疾苦。六祖强调应当通过相互怜爱来缓和上下矛盾,特别是作为上级,必须关心和爱护下级,并且以身作则,先人后己,只有这样才能得到下级的真正拥护。作为下级,也应当充分理解上级的难处,尊重领导,服从指挥,同心协力,努力工作,使整个单位越来越兴旺。只有上下相互理解,相互支持,共同努力,才能各守其职,各尽其能,步调一致,同心同德。

  由于分工不同,能力不同,智慧不同,出身不同,社会总是会有地位高低的差别,这是一种现实,不可能完全消除。怎样才能避免由于尊卑不同而导致关系紧张,六祖强调要让,即相互礼让。首先是尊让卑,上让下,尊长者要对下有礼,要谦虚和气,不要盛气凌人,只有这样,才能真正赢得下面的尊敬,才符合自己的身份和地位。尊长者本来地位就高,假如趾高气扬,与下面的差距就更大,就会让人觉得特别不舒服,由此产生怨恨和不满,从而加剧双方关系的紧张。只有谦下有礼,才能减弱与下面的差距,使双方能够基本上保持平等,平等才能相互交流,保持良好的关系。当然,作为年轻者和地位低者,也要充分尊重尊长者,理解他们为社会所做的更多的贡献,不要嫉妒,更不能以对尊长者无礼来显示自己的地位。尊卑相让,才能无尊无卑,平等相敬,使社会处于一种公平而有序的状态。

  六祖还强调要善于听纳忠言,闻过则喜,不要讳疾忌医,要善于改过,不要护短,如此一则提高个人的修养,二则减少相互矛盾,促进社会和谐。

  六祖的这一无相颂文字简短,意义重大,是融儒入佛,以佛为儒,使佛教生活化、世间化,从而使佛教在世俗道德伦理这一传统上儒家的地盘占有一席之地,扩大了佛教的影响,也使佛教为建设和谐世间做出了更大的贡献。

四、此宗本无诤，诤则失道义。

禅宗特别重视无诤法门，以无诤为根本，六祖惠能也是如此。他在《定慧一体第三》中指出：

> 若心口俱善，内外一种，定慧即等。自悟修行，不在于诤。若诤先后，即同迷人，不断胜负，却增我法，不离四相。①

他强调要内外一致，心口合一，这样定慧一体，自悟修行。人的境界高低要看实修，不在于诤。如果诤论先后，就同迷人，有胜负之心，不离我相、人相、众生相、寿者相四相。一有争论，便容易争胜负，一争胜负；就失去平常心，义理之争就会变成意气之争，只想着压人一头，以取胜为目的，而不是以明理为目的，这样的争论只有负面作用，没有正面价值。

六祖在解释无住时指出：

> 无住者，人之本性。于世间善恶好丑，乃至冤之与亲，言语触刺，欺争之时，并将为空，不思酬害。念念之中，不思前境。若前念今念后念，念念相续不断，名为系缚。于诸法上念念不住，即无缚也。此是以无住为本。②

六祖以无住为本，并将无住解释成人的本性，以为无住就是对于世间的善恶美丑，是非冤亲，都认识到其本性为空，因此不报复，不施害，念念自由，不受境惑，此即无缚，亦是无住。这在理论上不难理解，关键是落实在行动上不易。因为常人很容易发火，即使是口舌之争，也要睚眦必报，如此往往会导致矛盾的升级，言语之争转变成武力之争，二人之争转变成团体甚至国家之争。只有真正心无所住，不随物转，才能做到无诤。

六祖惠能对《金刚经》十分重视，此经中的须菩提便是解空第

---

① 见本书第45页。
② 见本书第46页。

一、以修习无诤法门而著称的大弟子，须菩提不仅不与人诤，还能使人皆不生诤心，人人无诤，这一法门肯定会对六祖的无诤思想有影响。

六祖最后还有一《真假动静偈》，再示无诤：

  报诸学道人，努力须用意。
  莫于大乘门，却执生死智。
  若言下相应，即共论佛义。
  若实不相应，合掌令欢喜。
  此宗本无诤，诤即失道意。
  执逆诤法门，自性入生死。①

六祖强调对于志同道合、言下相应者要共论佛理，相互切磋，不可相互隐瞒，而对于志趣不一、话不投机者，不可强行论辩，而是合掌礼敬，令其欢喜。禅宗本来无诤，一产生诤论，就与大道相违，因为一生争论，就有分别二见，就会自性入生死门，不能了知一味法门，一乘妙理。

总之，六祖一向强调和合无诤，并且以身作则，心口合一。他早年长期被人追杀，遭遇无数艰难困苦，但他成为一代大师后并不报复寻仇，即使是受到北宗门下的误解，甚至遭行昌暗杀，他也不与其计较，而是备金送别，还在后来度其为弟子。六祖以一生的言行宣示了什么是真正的无诤，怎样才能建设和谐社会，这是我们今天应当充分吸收和特别重视的宝贵的思想资源，对于世界和平和社会和谐意义重大。

---

① 见本书第105页。

《坛经》诸版本考释与六祖思想新论

一、《坛经》诸版本考释

《坛经》是研究六祖思想的主要材料,但因其版本较多,众说纷纭,使人莫知所从。又一般认为《坛经》乃六祖所说、法海集记,但自胡适著《荷泽大师神会传》等标立新说,认为《坛经》乃是神会杰作以来,又起纷争,为《坛经》研究提出了新的课题。此部分即试图从《坛经》几种主要版本的考证中,探究有关《坛经》的一些主要问题,以期对之得到较为准确的理解。

《坛经》版本中具有独立价值的是敦煌本、两卷本(即所谓惠昕本)和曹溪原本(契嵩本),宗宝本依曹溪原本而成,与之类似,德异本更是曹溪原本的翻版。其中以敦煌本和曹溪原本的价值最大,两卷本是二者的折中。下面即通过对这几个主要版本的研究考证《坛经》的作者、时间、流传等问题。

依诸本所述,《坛经》可分为两个部分。第一部分是六祖在大梵寺所说法,由法海记录整理,这是其主体,因为是六祖亲说,故价值最大。第二部分是记载六祖行化及灭度等史事的,其中也有六祖语录,这一部分并非全是六祖自说,而是由门人编著的,法海是主要编著者。关于第一部分,诸本内容基本一致,唯敦煌本较略,两卷本、曹溪原本较详,应当说确实是六祖大梵寺说法的记录,只是详略有异、抄本不一而已。第一部分在两卷本为一缘起说法门,二悟法传衣门,三为时众说定慧门,四教授坐禅门,五说传香忏悔发愿门,六说一体三身门,七说摩诃般若波罗蜜门,八问答功德及西方相状门;在曹溪原本为悟法传衣第一,释功德净土第二,定慧一体第三,教授坐禅第四，传香忏悔第五。这一部分次第分明，内容连贯，涉及了禅、教、净土诸方面，全面系统地体现了六祖"自性是佛"的宗旨，也是《坛经》的第一本和后来诸本的底本。这一底本可能是经六祖首可并订正的，诸本中皆有"流传坛经"等语，大概多指此底本，这也表明确实有一本六祖亲述的《坛经》，并非都是后人的伪作或妄改之书。

第二部分在两卷本为九诸宗难问门，十南北二宗见性门，十一教示十僧传法门；在曹溪原本为参请机缘第六，南北顿渐第七，唐朝征召第八，法门对示第九，付嘱流通第十。这一部分敦煌本、两卷本、曹溪原本的距离较大，原本比前两本多了参请机缘和唐朝征召两门，从内容上比前两本详细得多，但这一部分既非六祖亲述，门下皆有根据自己所知编著订补的权力，故详略虽异，却不能以此定前后真伪。

敦煌本一般被认为是最早的版本，出现于中唐。此本题为"南宗顿教最上大乘摩诃般若波罗蜜经、六祖惠能大师于韶州大梵寺施法坛经一卷、兼受无相戒、弘法弟子法海集记"，从内容上看以上述底本为主，第二部分较为简略，故此本只有约一万二千字，文字最少。今见的抄本文字多有错讹脱落之处，内容也混杂不堪，不大连贯，可能是此本最糟糕的抄本。但不少学者反而由此认定此本是最早的本子，其逻辑是文字越简单、内容越烦杂，便愈是早出，反之文字越好、内容越详细越是后人突发窜改之作，这种看法恐怕有失偏颇。敦煌本的错失还可能是由于记录不完善，抄写者所见的底本是一简本，并且抄写者水平不高所致。如果把这一错误百出的本子当作六祖《坛经》的原本，那么六祖的宗旨便大可怀疑了，禅宗后来几乎一统天下的盛势便很难解释了。

当然敦煌本的错失还不能完全归因于抄写者的水平，文字错误可能部分在于抄写者，内容之脱漏便不能如此解释，而很可能是最初的记录者记录不详所致。此本既题为法海"集记"，可见当时并非法海一人记录，而是由法海汇集整理了诸人的记录而成。记录者水平不一，所闻、所记不会完全一致，文字之详略、内容之小异是很自然的。法海的记录是兼集诸录而成，又经过六祖订正，自然是最好的本子，但其他记录本也会流传开来。从此本内容、文字来看，未必是本于法海原本，而很可能是依于另一较为简略的记录本而成。其中有大量的音误，如受（授）无相戒、名（明）悟、领（岭）南、佛姓（性）、流（留）此偈、问（闻）已、先性（圣）等，简直是不胜枚举，可知记录者本来水平不高。其中也有不少形误，如后伐（代）、白（自）悟、不息（思）法意等，这可能是记录者之误，也可能是抄写者之误。由此可知此本至少第一部分是比较原始的记录，而第二部分也有不少音误和形误，因而也有可能是第二遍记录，即是听人讲诵原记录本的记录本。

近来学界最为引人注目的便是敦博本的重新发现和研究。先有杨曾文校写《敦煌新本·六祖坛经》（上海古籍出版社1993年版）的问世，其后又有周绍良编著《敦煌写本坛经原本》（文物出版社1997年版）、邓文宽、荣新江录校《敦博本禅籍录校》（包括《坛经》）、李申合校、方广锠简注《敦煌坛经合校简注》（山西古籍出版社1999年版）等，杨曾文又对之重新校订，出版《新版敦煌新本六祖坛经》（宗教文化出版社2001年版），是对这一版本的最新研究成果。

敦博本原由任子宜收藏，后为敦煌博物馆藏品。向达曾于20世纪40年代见之，其后将这一消息公之于世。20世纪80年代周绍良复于敦煌博物馆见之，并由邓文宽拍照，使之重见天日，嘉惠学林。其间原委，可参见杨曾文本之自序与周绍良序文等。

敦博本的发现和校订研究在很大程度上解决了敦煌本错漏字较多的问题，使得这一版本更加受到学界关注。敦博本与敦煌本出自同一原本，在内容上无大出入，并未从根本上解决这种版本过于简略、"不见六祖大全之旨"的问题，其思想价值不是很高。

敦煌本本来就被多数学者认定为最早的本子，敦博本的发现更提高了此类版本的地位，乃至被视为《坛经》原本。其实敦煌本虽然包含着惠能于大梵寺说法的记录，却是经后人大量改篡的本子，离原本距离甚远。是本的名字便大有问题，"南宗"之说，就不可能为六祖所允许。六祖受五祖传法，为整个禅宗的第六代祖师，不只是南方禅宗的领袖。六祖本人，甚至神秀都不承认有南宗北宗之分，南北宗之分只是"世人尽传"，外界无知者之说。二大师均认为"法即一宗"、"法无顿渐"，本来是一家，没有必要妄立南北，以起彼我。以"南宗"相标榜，只是神会之意，神会将"南宗"的创始者归于菩提达摩（盖是由于达摩来自南天竺），道是"菩提达摩南宗一门"，甚至不允许神秀一系使用"南宗"之号，直言"普寂禅师，与南宗有别"，这就等于否定普寂为达摩子孙。是以首贯以"南宗"之号，完全是神会之意。

"最上大乘"之说颇不可解。六祖对智常说过四乘法：见闻读诵是小乘，悟法解义是中乘，依法修行是大乘，万法尽通，万法俱备。一切不染，离诸法相，一无所得，名最上乘。六祖的解释重在修行的程度，与通常的三乘分别不同。只有最上乘，并无最上大乘，这一名相是改篡《坛经》者的编造，与六祖无涉。

敦煌本的作者很难说是谁，但它确实记录了六祖所说法和史事，尽管内容、文字不大翔实。那位无名的记录者可能说是前一部分的编者，后一部分的编者非一，可能有法海、神会及其门下。敦煌本有可能是神会自曹溪带到北方，并使之得以流传的。胡适认定此本乃神会之作固然无据，但它确实与神会有很大的关系。

神会是南宗战胜北宗的先锋和大功臣，故敦煌本有二十年预言，以神会为六祖传人，这也表明此本确实经神会门下改订过。敦煌本的原本应是神会在六祖卒后自曹溪带到北方的，此时当然无二十年预言。神会到曹溪时间虽早，但居留时间不长，《宋高僧传》云其"居曹溪数载"较为可靠。神会第一次至曹溪时年纪尚幼，所得必然有限，他真正的"闻道"应在景龙年（707~710）至六祖灭度之间。因此他在六祖门下资历不深，年龄不大，故六祖称之为"小师"。他第一次到曹溪大约在万岁通天元年（696），六祖大梵寺说法时他还未曾出生，故不得亲闻，他所得的写本自然来自于先至的同门师兄，此写本不一定是法海的集记本。

敦煌本后一部分可能与神会有关，其中涉及他本人的部分很清楚，问惠能坐禅见与不见当是第一次至曹溪时之事，法门对示中述十弟子时将神会列为最后一位便是一证。这一部分的简略便是由于神会对六祖史事所知不全而致，中宗征召在景龙年前，参请机缘涉及的许多人神会并不知道（行思、玄觉等已经离去），故无此二门，而是在南北二宗部分中掺杂了他所知的数人之事。然最后付嘱流通部分所述与《神会语录》相违，表明这一部分肯定不是神会所编。这一部分显然经过神会门下的改订，证据便是二十年预言，其谓："吾灭后二十余年，邪法辽乱，惑我宗旨，有人出来，不惜身命，第佛教是非，竖立宗旨，即是吾正法，衣不合转。"此预言必非出自六祖，因为他决不会称神秀所传为"邪法"。其或出于神会暗示，由其门下编造，添加到《坛经》中去。从此预言及后面的传承来看，敦煌本的最后订正最早也在神会卒后。

曹溪原本是诸本中内容最详、文字最好的版本，但也由此被认为是后人的改订本。曹溪原本是北宋契嵩发现的，并重加校订刊行，故又被称为契嵩本。契嵩原刊本现已不存，一般认为现存本中题为曹溪原本的明藏成化本最为接近契嵩本的原貌，也有学者认为德异本有可能就是契嵩本，由于两种版本正文内容完全一样，因此二说事实上并无太大差异。德异本前附法海《略序》，后有令韬附录，这种编排应该是契嵩本的原貌，现存曹溪原本即成化本的再刊本中只有《御制序》，没有《略序》，后面虽有附录，却没有"守塔沙门令韬录"的题名，可能是赵玉芝"重加编录"所致。

胡适等认为曹溪原本为契嵩伪作，是依《别传》、两卷本对敦煌本修改增订而成的。这种说法殊无根据，而言此本并非契嵩改订却有有力的证据。契嵩是至和三年（1056）前发现曹溪原本的，而他又于嘉祐六年（1061）完成了《传法正宗记》，比较此两书，可以发现关于六祖的说法有明显的不同，可见非出于一人。

如《传法正宗记》云惠能三十二（应为三十三）岁咸亨年间至黄梅，这与曹溪原本二十四岁龙朔元年至黄梅的说法根本不同。又在弘忍传中称"客有卢居士者，自称慧能"，这显然不同于《略序》"上惠下能"之说。还认为遇刘志略在得法之前，与曹溪原本恰恰相反。这充分表明契嵩虽然发现了曹溪原本，但对其是否真为可靠的古本并不肯定，对法海《略序》的可靠性更是怀疑。故他著《传法正宗记》时采用了《祖堂集》和《宋高僧传》的说法，并不完全依据曹溪原本，特别是在一些关键问题上。

契嵩未改订曹溪原本的另一证据是，对曹溪原本中自相矛盾之处（如"汝去三年，吾方逝世"与二十四岁至黄梅说）并未改正，而是仍存其旧。这表明契嵩并非胡适所言的妄改《坛经》的狂徒，而是谨慎地传布自己有疑的曹溪原本，不敢妄动一字，表明了他对《坛经》的虔诚而又严肃的态度。

言契嵩是曹溪原本的编订者属于胡适的"大胆假设"，对此没有什么证据可寻。郎简《序》称："六祖之说，余素敬之，患其为俗所增损，而文字鄙俚繁杂，殆不可考。会沙门契嵩作《坛经赞》，因谓嵩师曰：'若能正之，吾为出财，模印以广其传。'更二载，嵩果得古本，校之，勒成三卷。粲然皆六祖之言，不复谬妄。乃命工镂板，以集其胜事。"可见契嵩所作的只是校订文字，并将其分成三卷，并无添改之事。胡适甚至认为契嵩所得的"古本"就是《别传》，并以此校改俗本《坛经》为三卷，这种说法更是不值一驳。契嵩所得，只能是《坛经》古本，"六祖之言"，这也是郎简的要求。如果契嵩将《别传》（据前其实只是《宝林传》的一部分）分成三卷，充作《坛经》，实是不可想象。

胡适见曹溪原本与《别传》有相同之处，便谓契嵩抄自《别传》而成曹溪原本。前文已为契嵩辩诬，今再述曹溪原本与《别传》之关系。曹溪原本与《别传》有雷同之处，《别传》有误而曹溪原本无误，显然是《别传》误记误抄，如云抄错误的《别传》而成无误的曹溪原本，则不可能。如瑝禅师事，《别传》误作潭州（长沙）瑝，以玄策为"大荣"，诸书皆云河北智瑝，何来潭州坐禅之瑝禅师？又六祖大弟子中无"大荣"，显然是玄策之形误，其中错失见前文之《别传》考。两书雷同之处是由于用了同一种材料或记录同一史实，但《别传》作者未亲至曹溪，又未见原文，故多有错谬，曹溪原本则无误。

细读《传法正宗记》，可知其与《别传》差别甚多，可能契嵩根本没有见过《别传》。《正宗记》谓六祖三十二岁至黄梅，此说见于《祖堂集》，在《别传》中则未见。据前文，《别传》不大可能在中国长期流传。契嵩既不可能得见《别传》，其据《别传》编订曹溪原本《坛经》就更不可能了。

胡适之说却得到不少学者的赞同，乃至契嵩改编《坛经》说几乎成为定论。杨曾文指出：

> 契嵩所得的"曹溪古本"，胡适在《坛经考之一》（《胡适文存》第三集）之中认为是《曹溪大师传》，以此校改俗本《坛经》为三卷。如果此说成立，元代德异本、宗宝本中的慧能遇刘志略、从其姑无尽藏听讲《涅槃》、慧能死后"七十年"的预言及与印宗论佛性等内容，最初当是由契嵩从《曹溪大师传》中补入的。契嵩嘉祐六年（1061）进献朝廷的《传法正宗记》，所载慧能生平传记的时间虽与德异、宗宝二本不尽

相同，但所载慧能临终遗诫及预言等许多情节是相同的。因此说二本祖于契嵩本是可能的。①

这里将《传法正宗记》与本于曹溪原本的德异本、宗宝本的根本差异一笔带过，却强调二者之相同之处，不过是为了说明契嵩改编过《坛经》。二者有相同之处，是由于契嵩引用了曹溪原本；二者之不同，表明契嵩并非曹溪原本的编订者。如果非要说就是契嵩改编过《坛经》，那么曹溪原本中与《传法正宗记》不同之处又来自何处？是谁的观点？如六祖二十四岁得法说既不是契嵩的观点，在《别传》中也未发现，敦煌本、两卷本也没有此说，《传灯录》亦然，持契嵩改编《坛经》说者均不肯承认法海《略序》的可靠性，那么此说的来源就成了问题。

曹溪原本确实有许多地方与《祖堂集》、《传灯录》等相同，这就有两种可能，一是曹溪原本引用了上述典籍，一是上述典籍引用了曹溪原本。

比较《传法正宗记》与曹溪原本，可以发现契嵩有意改变原本字句，加以己意，这表明他对原本的可靠性有所怀疑。再与《传灯录》相比，这一特点就更加突出。《传灯录》在引用原本时几乎是完全照搬，一字不易，与《传法正宗记》的随意添改形成鲜明的对照。因而如果说因为引用原本文字就表明可能编订了原本，那么《传灯录》作者道原更有可能是原本的编订者。前文已述，《传灯录》谓咸亨二年（671）六祖居宝林，表明道原见过《略序》，其中又有与原本所附《令韬录》完全一致的内容，故在道原的时代，就已经存在曹溪原本及所附《略序》、《令韬录》了。没有任何证据说明道原编订过《坛经》，因而曹溪原本应是在此之前早就存在了。

曹溪原本的部分内容亦见于《祖堂集》。《祖堂集》卷十八《仰

---

① 杨曾文：《新版敦煌新本六祖坛经》，宗教文化出版社，2001年，第307页。

山和尚传》中记载了不少内容与曹溪原本相近的传说。一是传法偈语，其谓神秀偈为：身是菩提树，心如明镜台。时时勤拂拭，莫遣有尘埃。惠能偈为：菩提本无树，明镜亦非台。本来无一物，何处有尘埃。曹溪原本惠能偈末句为"何处惹尘埃"，二者只有一字之异。二是惠能化惠明故事，敦煌本与两卷本都非常简略，而仰山所述与原本差近。《祖堂集》谓：

先教向石上端坐，静思静虑。"不思善，不思恶，正与么思不生时，还我本来明上座面目来。"惠明问："上为密意，即这个是，为当别更有意旨？"行者云："我分明与汝说著，却成不密。汝若自得自己面目，密却在汝边。"

原本谓：

能云："汝既为法而来，可屏息诸缘，勿生一念，吾为汝说。"良久，谓明曰："不思善，不思恶，正与么时，那个是明上座本来面目？"惠（原作慧，依德异本等改）明言下大悟，复问云："上来密语密意外，还更有密意否？"能云："与汝说者，即非密也。汝若返照，密在汝边。"

三是六祖对日后之难的预言。《祖堂集》载：

仰山谘沩山云："只如六祖和尚临迁化时，付嘱诸子：'取一鍱铤，可重二斤，安吾颈中，然后漆之。'诸子问曰：'安铁项中，复有何意？'六祖曰：'将纸笔来，吾玄记之：头上养亲，口里须餐。遇满之难，杨柳为官。'"沩山云："汝还会祖师玄记意不？"仰山云："会，其事过也。"沩山云："其事虽则过，汝试说看。"仰山云："五六年中者，三十年也；头上养亲者，遇一孝子；口中须餐者，数数设斋也；遇满之难者，是汝州张净满也，被新罗僧金大悲将钱雇六祖截头兼偷衣钵；杨柳为官者，杨是韶州刺史，柳是曲江县令，惊觉后于石角台捉得。"

这一预言亦见于曹溪原本。只是《祖堂集》所载仰山对五六年中的解释是错误的,"五六年中"者,五加六十一年也,并非五乘六三十年。仰山号"小释迦",其说不应有误,可能是《祖堂集》作者的误记。

总此三者,可知在仰山的时代曹溪原本就已经存在了,但仰山本人似乎没有见过原本的正本,只是略知其内容梗概,可见曹溪原本在相当长一段时间内仍是流传不广,或许只是在曹溪密传,故其内容虽有外露,却罕见全璧。

也有相反的可能,即曹溪原本始于仰山之时,由后人加工定型。然而从仰山对六祖预言的解释来看,他绝对不是这一预言的始创者,因为作者自己不可能犯错误,这也说明包含六祖预言的曹溪原本早在仰山乃至沩山之前就存在了,因为沩山亦未纠正仰山的误解。

韩国保存的传说同样可以证明曹溪原本的早出。据崔柄宪《双溪寺记中六祖惠能的传说》:

> 位于智异山麓(全罗南道)的双溪寺,有一座石塔,称为六祖顶相塔,《双溪寺记》载录有关石塔的有趣传说如下:新罗文武王十六年(西元六七六年),三法祝发为僧,戒师是义湘大师。三法天生异禀,敏而好学,迅即深入经论,智慧大开。闻六祖惠能在中国曹溪山妙宣法义,决定参访中国,归依惠能座下。但他无法成行,因此获知惠能于唐玄宗二年(新罗圣德王十二年,西元七一三年)时圆寂,悲痛不已。六年后,有缘读到金马面(今全罗道)弥勒寺圭宗从中国请回的《六祖坛经》。他发现六祖曾预言:"吾灭后五六年,当有一人来取吾首。"他自忖:"我将尽力完成这项工作,将我国土化为极乐净土。"于是他向金庾信将军夫人法宗尼借钱二十千,搭乘商船前往中国。抵中国后,住洪州开元寺,遇见来自新罗的大悲禅师。二人密议,雇请该寺常住和尚张净满,酬金二十千,以偷

取六祖头送回韩国供奉。开元十一年（圣德二十二年，西元七二三年），有个晚上他们在法宗尼师所住持的灵妙寺偷偷举行追思六祖法会。……十八年后，新罗孝成王三十八年（七三九年）的七月十二日，三法沐浴洁身，在禅坐讽诵《六祖坛经》中圆寂。①

这个传说值得注意的地方是，六祖入灭六年后三法便读到了载有六祖"吾灭后五六年，当有一人来取吾首"预言的《六祖坛经》，这种版本肯定不是敦煌本或两卷本，只能是曹溪原本。盗首的传说见于多种史传，当是史实，只是中国的史料只提到主谋者新罗人金大悲与行事者中国人张净满，未提背后还另有主谋，即义湘的弟子三法。这次行动实际上是失败的，但这一传说却说是成功了，这只是表达了新罗人对六祖的敬仰和希望迎请六祖到海东供养的美好愿望。估计所谓"六祖顶相塔"供奉的只是六祖的头像，不可能是六祖之首。三法既从《六祖坛经》中读到取首预言，又在讽诵《六祖坛经》中入灭，这足以表明他与《坛经》的关系。

正如崔柄宪所述，双溪寺本身历史并没有那么久，但它与其前身玉泉寺及智异山花开谷三法兰若是一脉相承的，后来的寺记也完全可以记载过去的传说。三法既相关人物都是实有其人，其读《坛经》知有预言及谋划实施估计都是史实，这就足以表明早在三法的时代（其卒于唐开元二十七年，公元739年）已经存在了载有取首预言的《六祖坛经》，而现存本中只有曹溪原本及源自这一版本的德异本、宗宝本有此预言，足以证明曹溪原本的早出。

曹溪原本之早出还有一个重要的证据。《传灯录》卷二十八载南阳慧忠国师语云："吾近比游方，多见此色胜矣。目视云汉，云是南方宗旨。把他《坛经》改换，添糅鄙谈，削除圣意，惑乱后徒，岂成

---

① 崔柄宪：《双溪寺记中六祖惠能的传说》，《佛光山国际禅学会议实录》，第401至402页。

言教！苦哉，吾宗丧矣！"慧忠卒于大历十年（775），上元二年（761）肃宗诏他入京，待以师礼。《五灯会元》云其受心印后居南阳，四十余年不下山，则其游方应在上元二年至大历十年间。据慧忠之言，则他至少见过两种版本的《坛经》，一种是他认可的正本，另一种（也可能有数种）是被改换过的本子。观此篇语录全文，可知慧忠批评的可能主要是不得马祖"即心即佛"真意，却妄言"身生灭，心不生灭"的南方禅者，然"云是南方宗旨"，又有可能指自称"南宗"的神会一系，可见当时对《坛经》的改换已不止一家。敦煌本不会不被近在京师的慧忠看到，其中也有"添糅鄙谈，削除圣意"之事。大概当时各种记录不全且被擅改的《坛经》本子很流行，正本反而不多见，以至慧忠有"吾宗丧矣"之叹。那么慧忠认可的正本是什么呢？可能就是曹溪原本，因为迄今未见到比此本更好的本子，而且曹溪原本内容最详，无"削除圣意"之嫌。

如此曹溪原本既非契嵩等所作，又究竟是何时的版本呢？依前所述，《略序》很可能真是法海之作，那么与之相应的曹溪原本亦有可能是唐时所出。值得注意的是，曹溪原本之后附有题为"守塔沙门令韬录"的一段话，补记了六祖卒后"孝子"盗首、肃宗请衣、代宗诏还袈裟等事，可知曹溪原本可能与令韬一系有关。

令韬史迹今见于《别传》、《宋高僧传》、《传灯录》。《传灯录》五云：

> 曹溪令韬禅师者，吉州人也，姓张氏。依六祖出家，未尝离左右。祖归寂，遂为衣塔主。唐开元四年玄宗聆其德风，诏令赴阙，师辞疾不起。上元元年，肃宗遣使取传法衣入内供养，仍敕师随衣入朝，师亦以疾辞。终于本山，寿九十五，敕谥大晓禅师。

《别传》亦云令韬受众请守护衣塔，可见令韬确是六祖卒后守护衣塔并住持祖庭的大弟子。但其生卒年月尚难考订，《传灯录》云其寿九十五，《别传》则云八十九，未知孰是。而《宋高僧传》、《传灯录》又云司空山本净禅师上元二年（761）卒，寿九十五，谥大晓禅师，不知是否将二人史事混为一人了。若依《别传》，令韬寿八十九，卒于乾元二年（759）正月十七日，但上文又云肃宗上元二年十二月十七日下诏请传法衣并令韬入内，令韬乾元二年正月一日表辞，误将乾元置于上元之后。今《传灯录》、曹溪原本附记皆云上元元年（760）肃宗下诏请衣，当有所据。故实是乾元二年广州节度使韦利见奏请令韬及传法袈裟入内，其年肃宗依奏，于十二月十七日诏请，上元元年正月一日令韬表辞，十七日辞世。由于是岁末下诏，令韬接到诏书时可能已到次年正月一日，惠象及传法衣也是次年入京，故曹溪原本与《传灯录》等载是上元元年请衣。以此推算，令韬应生于咸亨三年（672），在六祖灭度时四十二岁，在诸大弟子中算是比较年轻的一个，因其一直未离开六祖身边，深得法要，故得到法海等众人的信赖，担负起看护祖庭和衣塔的重任。《别传》实为作于贞元年间的《宝林传》的一部分，又在曹溪编撰，对于令韬生平的记载应当比较可靠，且令韬长期充当六祖侍者，在六祖门下应是比较年轻的，故其寿数应依《别传》。

今细考附记，至"肃宗遣使就请师衣钵入内供养"方是令韬亲录，此处只言请衣，不言请令韬入内便是一证，下文乃其后人补记，可能原来以小字为注，后来衍为正文了。因为永泰元年（765）令韬早已去世，诏书中未提及令韬，而言"卿可于本寺如法安置，专令僧众亲承宗旨者严加守护，勿令遗坠"便是明证。附记中"上足"可能原为"弟子"，令韬不会以"上足"自诩，乃是其弟子所改。

附记记六祖身后事很详细，只有令韬一系才会对此如此清楚。附记与曹溪原本正文联系很紧，也不是后人把令韬的附记附于曹溪原本之后。这就表明令韬生前便有了曹溪原本，而其主要编著者可能就是法海和令韬，最后的编订者则是令韬。

《略序》、附记与曹溪原本在内容上是相互补充、相互衔接的。《略序》与曹溪原本皆有二十四岁说。《略序》记大梵寺说法以前之事，附记记六祖身后之事，二者与曹溪原本共同构成一个完整的系统，不能随便拆解。《略序》述六祖事，至从广州归宝林后止，正与曹溪原本开头"时大师至宝林"衔接。奇怪的是，《略序》无一字提及《坛经》，只是详述了曹溪原本所未载的六祖身世、历史及所居曹溪宝林寺的历史传说和地理景况。可能法海原意只是补述与《坛经》有关的一些史料，使人对六祖的历史和思想能够全面理解，并不愿对六祖宗旨妄加评述。"略序"之名，可能为令韬所加。

如此曹溪原本第一部分，即前五门，为六祖亲述，法海集记，此本所述最为翔实，错失最少，是最好的记录本。第二部分，即后五门，为法海、令韬两人编著。敦煌本、两卷本亦有但较略的南北顿渐、法门对示等可能为法海记录整理而成，故也为其他弟子（如神会）所录。他本所无的参请机缘、唐朝征召可能是令韬后来编著的，其他大弟子皆已离开曹溪，故不得见。付嘱流通比较复杂，可能先经法海编撰，后又经令韬改编补充。

参请机缘收录了法海、法达、智常、志道、行思、怀让、玄觉、智隍、玄策等诸大弟子的史事，还讲到了得法后遇刘志略及无尽藏和六祖晚年收弟子方辨等事。此门将法海列为诸弟子之首，显然并非法海所著，而且其中讲诸弟子时提及六祖身后时事，显然是后来编著的。法海是受命于六祖分化一方的十弟子之首，六祖灭度后即离开曹溪，不可能留下来编著此门，分化各地的弟子都会将情况告知祖庭，有关六祖及其弟子的记载此处也应最多、最可靠，故令韬得到的材料最翔实，具有编订《坛经》的便利条件。唐朝征召与后面的附记相应，附记中的一部分是征召的补充，因此这一部分也是令韬所著。曹溪祖庭必然保存着诏书原文及有关此事的详细记载，故只有令韬才最有条件编写此门。

曹溪原本其他门也经令韬改编、订补过，如南北顿渐门讲到神会天宝中大弘顿教、著《显宗记》，此事显然是由令韬补充的。此本由令韬编著的一个重要证据便是无一字提及令韬本人，其他主要弟子则皆有著录。但正文并非与令韬毫无关系，如付嘱流通末有"主塔侍者尸之"之语，这个主塔侍者显然是指令韬，附记后题"守塔沙门令韬录"便是明证。这表明令韬是很谦逊的，也表明令韬当了不少年的六祖侍者，《传灯录》云其"依六祖出家，未尝离左右"与之可以互证，由此可知付嘱流通门也是经令韬编订过的。

从曹溪原本附记来看，此本虽在令韬生前业已定稿，但又经其门人改订过，其中的七十年预言便显然是后来混入的。曹溪原本称六祖"又云：'吾去七十年，有二菩萨从东方来，一出家，一在家，同时兴化，建立吾宗，缔辑伽蓝，昌隆法嗣'"，这一"又云"显然是后来伪作的。因为这一预言是讲法传何人的，前文明言"有道者得，无心者通"，可见六祖并未肯定是哪些人得法，而此一"又云"列于"后莫有难否"之问后，菩萨东来怎么能是"难"呢？可见伪作者并未细思便将此预言插入本文中，结果不伦不类。其他如"汝去三年，吾方逝世"与二十四岁说不合，也是后人衍入。

通过对敦煌本和曹溪原本的考证，可以进一步来看与二者都有关的两卷本。一般都把两卷本称为惠昕本，因为兴圣寺本前有序，题为"依真小师邕州罗秀山惠进禅院沙门惠昕述"，但一旦细究此本前面的《序》和《记》，便可发现这种说法仍有问题。

其《序》云："原夫真如佛性……见性之人，虽处人伦，其心自在，无所惑乱矣……古本文繁，披览之徒，初忻后厌。余以太岁丁卯，月在蕤宾，二十三日辛亥，于思迎塔院，分为两卷，凡十一门，贵接后来同见佛性者。"下面紧接着是晁子健的《记》："子健被旨入蜀，回至荆南，于族叔公祖位见七世祖文元公所观写本《六祖坛经》。后题云：'时年八十一，第十六次看过。'……冠岁遇高士刘惟一,访以生死之事,刘曰:'人常不死。'公骇之,刘曰:'形死性不死。'公始寤其说。自兹留意禅观,老而弥笃。……绍兴二十三年六月二十日右奉议郎权通判蕲州军州事晁子健谨记。"

真福寺本前面有《韶州曹溪山六祖坛经序》,同样题为"依真小师邕州罗秀山慧进禅院沙门惠昕述",除个别文字外,与兴圣寺本内容一样。后面又有大中祥符五年(1012)周希古《后叙》。

既然两个版本都有题名惠昕述的序,似乎可以断定这一序文确实为惠昕之作,由此也可以断定两卷本确实是由惠昕编订的。不过同为两卷十一门本的天宁寺本和大乘寺本则只有存中的再刊序,没有题名惠昕的序。

据胡适考证(胡适《坛经考之二、记北宋本的六祖坛经》,见《胡适文存》第四集),太岁丁卯应是宋太祖乾德五年(967),蕤宾指五月。如此两卷本出现于宋初,比前两本都晚。胡适又考证文元公即晁迥,其年八十一时为天圣九年(1031)。胡适还指出:

> 这个惠昕改订为两卷十一门的本子,是晁迥看过又题讫的,是晁子健刻的。刻的年代是绍兴二十三年。最可注意的是,在此本刻印的前两年绍兴二十一年(一一五一)晁迥的另一个七世孙,晁子健的堂弟兄,晁公武正写他的郡斋读书志的自序。在郡斋读书志的衢州本的卷十六,有这样的记载:
>
> 六祖坛经三卷(王先谦校:三,袁州本作二。)
>
> 右唐僧惠昕撰。记僧卢慧能学佛本末。慧能号六祖。凡十六门。周希復有序。
>
> 马端临文献通考的经籍考五十四,转录此条如下:
>
> 六祖坛经三卷。
>
> 晁氏曰,唐僧惠眆撰,记僧卢慧能学佛本末。慧能号六祖。凡十六门。周希後有序。
>
> 通考之惠眆是惠昕之伪,周希後是周希復之伪。但最可注

意的是"三卷"、"十六门"两项,可证衢州本读书志不误。依此看来,在蕲州刻的惠昕二卷十一门本之前,早已有一部三卷十六门的惠昕本在社会上流通了。①

如此依照晁公武之说,则惠昕为唐人,其所传的《坛经》是三卷十六门本,并非宋初的两卷十一门本。这一版本有周希复的序,当然不会有两卷十一门本前附的序。

因此两卷本前《序》可能并非惠昕之作,两卷本不应称为惠昕本,同为两卷本的金山天宁寺本、大乘寺本皆无惠昕题记便是一证。同时还表明两卷十一门本前还有一种三卷十六门的唐惠昕本,而且两卷本与惠昕本有一定关系,是自惠昕本删节而成,不然便不会有此题记。学界多谓惠昕即是《序》之作者,盖是由于前面有"依真小师邕州罗秀山惠进禅院沙门惠昕述"之题记,其实这一题记可能只是讲惠昕"述"此《坛经》,与敦煌本等题名"法海集记"、宗宝本题名"风幡报恩光孝寺住持 嗣祖比丘宗宝编"一样,晁公武谓其"撰"《坛经》,即是依此,并不表明其作此《序》。兴圣寺本与真福寺本将此序题为惠昕述可能是错误的,依石井修道《惠昕本〈六祖坛经〉的研究》(驹泽大学佛教学部论集第十一号),宽永八年本则只谓"韶州曹溪山六祖坛经依真小师邕州罗秀山慧进禅院沙门惠昕述",并未将后面的序当成惠昕之作,这种题名应当是正确的。那么既然惠昕并非两卷本的作者,为什么还题名为惠昕述呢?这大概是因为两卷本系由惠昕本删节而成,为了表示对原编者的尊重,所以保留了原三卷十六门本的题名。

此《序》明言其嫌古本文繁,欲加以删节,而惠昕本为三卷十六门,字数自然繁多,正是《序》作者删节的对象,因而"述"三卷十六门者与"删"之而成两卷十一门者必非一人。另外,晁公武

---

① 柳田圣山:《胡适禅学案》,正中书局,1975年,第305至306页。

明言惠昕为唐人,而此《序》作于宋初,即使惠昕生于后唐,然其主要活动于宋代,晁公武也不应随便称之为唐人,因而惠昕与作《序》者并非一人。

由于近年来发现了日本真福寺本,前面有惠昕序,其后附有宋周希古《六祖坛经后叙》,此本仍为两卷十一门本,于是学者多谓"周希复有序"应作"周希古有后序",是故对晁公武之说彻底否定,道是惠昕实为宋人,三卷十六门亦是有误。晁公武称惠昕为唐人,必有根据,或者是在题名前有"唐"字,或者是根据周希复的序判定其为唐人。"三"与"二"固然容易出错,"六"与"一"则不易相混,十六门很难说误作十一门。周希复是为唐朝的三卷十六门本作序,周希古则是为宋代的两卷十一门本作序,周希复既有可能是唐人,也可能是后世的人,周希古则肯定是北宋时人,二者根本不是同一人,至于两人名字前两个字一样,则可能只是巧合。晁公武作"周希復有序",马端临则转录为"周希後有序",胡适已经指出,"後"是"復"之伪,因为二者形近,而"古"与之相去甚远,不可能弄错。若作"周希古有后序",则增了两字,其根据恐怕不大好找。晁公武肯定是看到了当时尚在的三卷(或二卷)十六门的唐惠昕本,故予收录,他没有作伪的必要。

日僧永超在宽治八年(1094)所编《东域传灯目录》中载有《六祖坛经》二卷,并注云:"惠能作。疑惠能资惠忻(昕)作欤?又下卷可(当作"何")惠昕云云。"此处所述大概是惠昕本的原貌,其原名为《六祖坛经》,分上下二卷。永超所录不知何时传到日本,既与圆仁请来的禅宗典籍列在一块,也有可能是唐末请来。永超看到的本子远在晁公武之前,因而可能原来就是两卷,"二"与"三"容易出错,且袁州本也作二卷。古人分卷比较随意,并无固定的字数限制,二卷与三卷甚至一卷,在内容上可能完全一样,然十六门明显比十一门内容多,这是不容忽视的。其中下卷有"惠昕云云"

之句，表明惠昕确实对之进行了大量的编撰，并有不少"惠昕云"之类的原话，乃至永超怀疑这是惠能授意惠昕之作。大概惠昕相当大胆，对古传《坛经》进行了大量的补充，并将自己的理解加进去，每每有"惠昕云"之语，使之变成两卷十六门，而且公然称是自己之作，以"述"名之，这就是永超怀疑惠昕受命于六祖本人而作、晁公武直言"惠昕撰"的原因。现存的各种两卷十一门本都没有"惠昕云"之字样，因而不属于永超所见的惠昕本。

永超的怀疑属于"大胆假设"，各种史料都未记载六祖有一名叫惠昕的弟子，"依真小师"只是惠昕自己的谦称，他未必当过六祖的侍者（小师），六祖不可能授意惠昕编著《坛经》。从惠昕本的节略本即两卷十一门本末后的题记来看，此本《坛经》同样号称出自法海，由法海传同学志道，志道传彼岸，彼岸传悟真，悟真传圆会，其中没有惠昕之名。惠昕虽属唐人，但恐怕至少也在圆会之后，为晚唐时人。不过永超的怀疑也在明确地暗示他的观点，即惠昕确实是唐人。

胡适晚年的《读书随笔》中有《附记兴福寺永超〈东域传灯目录〉里的南宗资料》一篇，谓"这里记的《六祖坛经》乃是北宋初年的惠昕分两卷本。故永超有'疑惠能资惠昕作欤'的疑问。'资'即'师资'的资，即是弟子。此语的意思是'疑是惠能的弟子惠昕作的罢？'下文又说'又下卷可（有）惠昕云云"[①]。胡适以为永超认为惠昕是惠能的弟子，这也表明永超认为惠昕不仅是唐人，还可能是惠能亲传弟子。

综上所述，惠昕本是由唐朝人惠昕编订的三卷（或二卷）十六门本，为一"文繁"的"古本"，其中（卷下）有大量的惠昕本人的评语或注释，明确称为"惠昕云"。现存的两卷十一门是在宋初由惠昕原本删节改编而成，属于惠昕本系统，然并非原本。

---

① 柳田圣山：《胡适禅学案》，正中书局，1975年，第457页。

如此此《序》非出于惠昕，两卷十一门本亦非惠昕本，那么谁是此《序》和两卷本的编者呢？

兴圣寺本将《序》与晁子健《记》抄在一起，不分节段，可见原书二者是相互关联的。《记》中载晁迥冠岁遇高士刘惟一事，并云其自是留意禅观，可见刘惟一是晁迥研习佛教的引路人。此事可能是晁子健在晁迥所观写本上发现的，或见于晁迥他书的记载。晁迥单记此事、晁子健独提此事一定有其缘由。晁迥冠岁时为宋开宝三年（970），他所观写本《坛经》可能就是此时刘惟一相赠的。此距乾德五年（967）只有三年，因此两卷本的编者可能就是刘惟一。《序》中"见性之人，虽处人伦，其心自在"等语颇合身处人伦的居士的口气，而所谓"形死性不死"即是慧忠国师所呵的"半生灭半不生灭"，表明他对六祖真意并无太深的理解。即使此本非刘惟一之作，其作者也肯定与之有关系，不然成书不久的两卷本不可能很快即落入其手。

《序》中又云"古本文繁"，为使学者披览方便，将之改为两卷十一门本。此"古本"必非敦煌本，因为删改后的两卷本较前本还多约两千字，不是更"繁"了么？当然"繁"还有"烦杂"之意，但德异《序》中有"惜乎坛经为人节略太多"之语，宗宝《跋》中有"续见三本不同，……略者详之"句，可见元朝时尚知两卷本为节略本。又两卷本前题为惠昕述，《序》后又无题名，而晁氏《郡斋读书志》明言尚有三卷十六门的唐惠昕本，表明两卷十一门本是由三卷十六门的惠昕本删节而成的。大概作者觉得惠昕将己意加入《坛经》，颇为不伦，而且这样增加了大量的篇幅，加重了读者的负担，故将含有"惠昕云"的五门删去，变成两卷十一门本。作者认为此本只是惠昕本的简本，故仍保留了惠昕原来的题名，他也并不认为自己所做有多少开创性，故在《序》中隐去了姓名。但两卷本内容、体例与敦煌本接近，而与曹溪原本距离较大，因此所谓古本实际上有两种,"繁"兼摄"繁多"与"烦杂"两义。两卷本事实上是依据敦煌本删减惠昕本的,试图兼取敦煌本文简与惠昕本义丰的优点,而去其义理"烦杂"与文字"繁多"之缺失。

那么三卷十六门的惠昕本为何后来不见流传呢?这可能有多种原因,一是由于其节略本大量流行,被翻刻成多种本子,使得真正的惠昕本反不常见。二是可能与契嵩发现曹溪原本并使之大量流行有关。惠昕本虽然较敦煌本内容丰富,但与曹溪原本相比可能还是有所不足,从其节略本的内容来看,几乎毫无超出曹溪原本之处。值得注意的是,郎简《序》中提及曹溪原本也是三卷。今对照两卷本与曹溪原本节目,可知从曹溪原本中了可分出十六门来。两卷本为十一门,曹溪原本较之多出参请机缘、唐朝征召两门;最后一门曹溪原本作法门对示、付嘱流通两门,又多出一门;此外付嘱流通门较长,还可分为临终付嘱、六祖灭度、法宝流通三门,如此曹溪原本十门又可细分为十六门。因此曹溪原本基本上包含了惠昕本的全部内容,故它流行之后惠昕本便渐渐绝迹了。

《坛经》可分为曹溪原本、惠昕本、敦煌本三大系统。杨曾文有《坛经》演变示意图,今参照之图示如下:

敦煌本
敦煌原本-敦博本
西夏文本
宗宝本
《坛经》祖本-曹溪原本——契嵩本-德异本
成化本-万历本
惠昕本-宋初本-晁迥本-晁子健刊本-兴圣寺本
周希古刊本-真福寺本
天宁寺本
存中再刊本-大乘寺本

二、六祖的思想风范

前文对《坛经》主要版本作了考释，在此基础上，将进一步探讨六祖的思想和说法宗旨。根据前文，《坛经》可分为两个部分，第一部分即大梵寺说法，集中体现了六祖的思想和宗旨，且诸本基本一致，下面即以此为材料对六祖思想进行探讨。另外曹溪原本是诸本中时间最早、内容最翔实、文字最好的一种，因此亦以此本为主要依据揭示六祖的人格、风范和宗旨。

六祖是一个自悟玄机的非常之人，在得五祖正式传法前就已对佛法有了相当深刻的理解。一闻人诵《金刚经》便开始悟道，表现了他的天生利根，继而辞亲远行以求道，更表现了他对佛教坚定不移的信心。从初见五祖时的佛性问答上，可以看到六祖对人人本具之佛性已经有了深刻的认识，故受到五祖的器重。而这一时期他的佛学思想的集中体现，便是他的传法偈语。此偈语是六祖思想发展史上的关键，一方面是他前期思想的展现，同时又是他得法的根据，是他建立自己的新思想的起点。

根据上文对《坛经》的考证，偈语之真假已不待说明。但不少人认为偈语是后人伪托，且诸本所载偈语有小异，更添疑惑。今先考证一下偈语之真假。五祖令门人作偈明心，以传衣钵。时神秀为上座，其他弟子自知弗如，故不敢作。因此只有神秀、惠能二人之偈。敦煌本神秀偈云："身是菩提树，心如明镜台。时时勤拂拭，莫使有尘埃。"惠能偈有二，一云："菩提本无树，明镜亦无台。佛姓常清净，何处有尘埃！"二云："心是菩提树，身为明镜台。明镜本清净，何处染尘埃！"两卷本神秀偈"有"作"染"，惠能偈云："菩提本无树，明镜亦非台。本来无一物，何处有尘埃！"曹溪原本神秀偈云："身是菩提树，心如明镜台。时时勤拂拭，勿使惹尘埃。"惠能偈云："菩提本无树，明镜亦非台。本来无一物，何处惹尘埃！"

敦煌本惠能偈显然有误，前文明言五祖弘忍"令门人各作一偈"，又言"惠能亦作一偈"，如何下文反成两偈？从内容上看，第二偈前句与神秀义同，只是颠倒"身"、"心"，并无意义。后两句"明镜本清净，何处染尘埃"，义理则远不如神秀偈。明镜虽然清净，但有外尘染污，清净本体也会被外尘覆障，因而必须保任守护。第一偈前两句言空即是色，离空无别色，身心自然空寂，虽本来清净而无清净之相。下两句之病与第二偈同，未说明任何问题，也不能对神秀偈作有力的批驳和否定。故上下并不衔接，显然有误。因此这两偈皆是误记，这也说明敦煌本是不大可靠的。今取曹溪原本为正。

　　敦煌本偈语之失只说明这一版本本身有问题，并不能以此否定传法偈语。以偈传法事见诸本《坛经》及他书，而对此的否定则并无根据。事实上当时神秀的资历、威望、学问等方面皆是惠能远不能及的，若非以一偈定高下，六祖之位无论如何也轮不到一个出身低微、年纪很轻、目不识丁、到黄梅才八个月的舂米居士头上。

　　此事还有史实方面的旁证，足知其非假。据前惠能二十四岁龙朔元年（661）至黄梅，同年底得法后离去。而身为上座的神秀也偏偏在同年离去。据张说《唐玉泉寺大通禅师碑铭》，神秀（约606～706）"逮知天命之年"至黄梅，"服勤六年"而得五祖叹赏，"命之洗足，引之并坐"，看来是准备传法于他，然而下文却是"涕辞而去，退藏于密"，退隐于不知名的地方十六七年，直至五祖逝世后才出山，"仪凤中始隶玉泉"。神秀五十六岁时正好是龙朔元年，在他得到五祖称赏后却"涕辞而去"，这是为什么呢？"东山之法，尽在秀矣"，如此高的评价说明五祖是准备传位于神秀的，但据下文表明终未传付于他，这又是为何呢？然一将此事与传法偈语联系起来，问题就容易得到解答了。神秀作偈不如惠能，自觉无颜再呆在黄梅，但他并未灰心，而是躲到一个偏僻之处隐居起来，自己用功，后来终成北宗首领。这可与传法偈语、二十四岁说互证。

由此可知传法偈语非假,再从曹溪原本惠能偈语分析他早期对佛法的理解。惠能偈是针对神秀偈而作的,一方面展示自己的理解,一方面对神秀之失进行了批评。神秀偈前两句说明身心的清净本性,但两个比喻还是有着了清净相之嫌。菩提树、明镜台虽然明洁,但皆有色相。更有问题的是,此两句将身和心分别开来,虽顾及行文之便,然却是自生分别,有此分别心,清净本体早已受染,再拂拭又有什么用呢?下两句是讲对清净本体的保任,言修行功夫,但同样是把清净本体与色尘分别开来,心生染净念,如此保任,也未必真能使心不受染污。因此神秀偈的问题关键是多了一个分别心,将色和空、染与净视为两般,故有除染布净、遣色显空之渐修之道。有此分别心,净已不成其为净,空也不成其为空,清净本体已成染污之心,以此染污之心得悟如何可能?以此染污之心修行更有何益?

惠能一看便知问题所在,其偈前两句便消除了身心、染净、色空之分别,明示空即是色,菩提、明镜当体即空,非有离空之外的色相(净相亦色相),菩提、明镜亦自无别,因而并无身心之分。菩提、明镜(空)本即是色,不必假树和台来显其色相。这两句说明诸法自然空寂,是本然境界。后两句明色即是空,"本来无一物",说明物本非物,物本是空,离色之外无别空。本无一物、一法不立之时,自然一法不舍、万象全收。此时色空一体、染净一如,佛即是我,我即是佛,自然得入诸佛境界。当此之时,又何来能染本体之色尘?又何有能被染污之本体?因此反问"何处有尘埃"。"惹",敦煌本、两卷本作"有"。若作"有","何处"则是地方、空间义;若作"惹","何处"则专指清净本体,与前句衔接。"惹"是招致、沾染之义,故更贴切。后两句是一种修行境界,是通过人的悟道、实行达到的。如此空即是色,色即是空,色空平等无二,自然无色空之念,由是深得般若空宗之真谛,表明六祖得法前已经通过自悟彻透了如来清净禅之妙义。

这一偈语体现的思想与后来"迷则佛是众生，悟则众生是佛"是完全一致的，后者则突出了修悟法门（用）的特点，是对前者的发展。"佛是众生"（空即是色）是作为命运的必然，是支配众生的规律，但这种客观的、必然的命运只有在众生迷时，即对之不能理解时才是一种支配人的力量，一旦转迷为悟，则"众生是佛"（色即是空），众生理解了自己的本源，就使本源不再是本源了，众生自己就成了本源，成了完全自由的存在，那种客观的必然的命运便成了众生自己的意愿和选择，成了众生能够自由支配的东西，也就是成了众生的自由意志。此时佛与众生的因果关系、本末关系已经消解了，因而佛与众生的分别也就消失了。这时众生就成了大彻大悟、无所不能的佛了。这与"悟则转法华，迷则法华转"同理。

上述六祖的前期思想已是极为深刻、人所难及了，但还是对前人所述的理解，六祖自己所独创之宗旨则是在受到五祖传授和启发之后产生的，这就是"自性是佛"。六祖闻五祖讲《金刚经》至"于无所住而生其心"时大悟，方知"一切万法不离自性"，又言"何期自性，本自清净；何期自性，本不生灭；何期自性，本具足；何期自性，本无动摇；何期自性，能生万法"，还称"吾所说法，不离自性"，表现了他对"自性是佛"之义的深刻理解。

自性，原指万法之本体真如所独具的一种不动不变、不生不灭、无内无外的超越时空的本性，故云一切法无常、无我，故无自性。又因万法是真如的变现，自性作为真如独具之特性又演变为诸法的特性，如水之湿性，火之暖性。六祖所言之自性则同时涵盖两种意义而又化解、超越了两种意义进入不可思议的境界，此时自性亦是非自性，是对自性本身的消解，同时也是自性最高的实现。因而六祖之自性便是一合空有而又一泯空有的非自性的真实自性，便是大彻大悟的佛，是佛与众生、天堂与世间的无分别的合一。

"自性是佛"是六祖说法之真意，是六祖的宗旨，这一宗旨集中体现在大梵寺所说法上，而且表现在全部《坛经》中，可以说六祖所说一切法都是"自性是佛"的体现，而六祖之后的禅宗一直是这一意旨的发展和展现。理解"自性是佛"必须先"识自本心，见自本性"，若不识自性、万劫觅佛不得。那么如何识取自性呢？不用心，不着意，不内觅，不外求，只念自己，此时心中无他，自然无内外之念，心无内外，自然超越了空间；当此之时，无前念，无后念，无前后则无生灭，自然超越了时间；只念自己时，心不在有无，亦无色空之念；只念自己时，心自无他，自然亦无"自己"之念，如此亦在完全肯定自己时完全消解了自己。如此超越时空、不在有无、非自性的自性便是真正的自性，识此自性便可自然得悟。

"自性是佛"之旨使以往的佛学经义焕然一新，成为具有新意和生命力的理论。如六祖在讲般若时讲到"自性般若"，认为"一切般若智皆从自性而生，不从外入"，学人"本性自有般若之智"。这种"自性般若"便是人人皆具的本觉之心，禅宗之传心，即是指此心。"自用智慧常观照，故不假文字"，这种本觉之心具有非文字所能表达的超常智慧，即是佛家的真慧，故不可以文字传达。"自性般若"是众生成佛的根据和结果，也是成佛的法门和工具，只有回向识取自性般若才能真正成佛，若向外求取，只能得到世俗的知见和智慧，反成障道因缘。

六祖在为大众解释功德净土时提出"身中净土"。使净土教义有了全新的意义。他认为染净不在东西，而在于迷悟。心迷则所遇皆是秽土，心悟则所处皆是净土。迷人不识身中净土，愿东愿西，自生东西净染之分别，此心早已自污，此身亦自在秽土，如何能生西方净土！如若识取"自性西方"，自净其身，即身无秽恶，则能达至身中净土，西方即在眼前，当体即是西方，何用外求西方呢！六祖的"身中净土"、"自性西方"破除了当时中国人对西方世界和外在的弥陀的迷信，引导大众自信自爱，自净自悟，从理论上深化和体现了"自性是佛"义,也从实际上有利于时人的思想解放和觉悟。

六祖讲到戒定慧时亦联系自性。他认为"心地无非自性戒,心地无乱自性定,心地无痴自性慧",如此戒定慧都变成了内在的自身的意志和境界,不再是外在的约束和追求的目标。此时戒定慧皆归于自心的起用,自然没有了时间上的次第和意义上的分别。"定是慧体,慧是定用,即慧之时定在慧,即定之时慧在定",因此定慧一体无二,自然无先后之分。即慧之时,心无动静生灭,自然常定;即定之时,心无分别障污,自然常慧。又云"无念为宗,无相为体,无住为本","无念者,于念而无念","无相者,于相而离相",于一切境,念念不住,即是无住。可见六祖之无念并不是单纯的摄心凝心,百物不思,不是离念而无念,而是于念而无念,亦即体知念自性非念,故念而无念,此即自性无念。无相无住亦同此义。

六祖讲禅定时亦云"外离相即禅,内不乱即定,外禅内定,是为禅定",认为"自性不动名为禅","心地无乱自性定"。自性不动,十二时中自然常定,亦无出入,此是真禅定,最自然、最简单、最轻松,用不着住心看净,也不必摄心不动,同时也最难把握。当此之时,无染净之分,亦无动静之相,更无用心用力之处,故不被净缚,不被心迷,自然轻安,自然得自性般若真慧。但念自性,自无动静,无动静时。便得真定,此是自性禅定。

六祖又在传香忏悔门中明示学人要"自净其心,自修其行,见自己法身,见自心佛",直示"自性是佛"之旨,并要学人归依自性三宝,自度自戒,自成佛道。认为自性中有三身佛。自身本净,即是清净法身,自心思量变化而成诸相,即是自性化身,自性不染善恶,即是本来实性,亦是圆满报身。自性本来是佛,因而成佛也不能外求,只能内觅,成佛方式也只能是依靠自力,自悟自修,自度自成,不能靠外在的佛和菩萨,"自性自度是名真度"。如此六祖把成佛的责任和权利完全交付给了众生自己,命运成了自己的选择,心正即自然得入佛道，得入天堂净土；心邪则自会堕入恶道，进入地狱秽土。

禅宗又以传心法门著称，但六祖似乎并未系统地说明"心"的意义。不过六祖也多次提及自心，又言"自心是佛"。所谓自心，即是自性本心，此即使六祖所传之心。心有染净、迷悟、善恶，此分别心皆是妄心，禅宗所传乃无分别之真心，心量广大，遍布虚空，无形无相，亦非语言所能描述。佛教各派都讲真心，但什么是真心，如何识取真心又很难说清楚。六祖对此作了简捷直接的说明，真心即使自性本心，即人人所具之自心，心念自性时，心即性，性即心，心性合一而入诸佛境界，此心即是佛心。自心迷时，性即是心，自心若悟，心即是性。自心常念自性，自性即是自心，如此自心即得自性般若，自然觉悟，故曰："自心是佛。"

六祖之传心法门又称南宗顿门，此顿悟法门后来又得到神会的大力提倡，似乎成了惠能所传法的根本特点，而顿门说法起于六祖生时，原本中即有"顿教法门"之说。但六祖并不过分强调顿渐之分。他认为"法无顿渐，人有利钝"，由人根性之利钝，才有法门之顿渐。利根见性疾，故有顿悟法门；钝根见性迟，故立渐悟法门。由此顿渐本无上下高低之分，根性质利者宜学顿门，根性钝者宜学渐门。顿渐本是见性之法门，佛法本身非有顿渐。所以强立南能北秀为顿渐两宗，甚至像神会那样以顿攻渐、分别优劣是不适当的。

六祖之顿悟法门也是"自性是佛"义的一种体现，与竺道生之佛性"当有"、明理不可分、悟则全体皆见的顿悟义不同。六祖之顿悟，即"若识自性，一悟即至佛地"。识取自性，自然无内外生灭之分别心，自然超越时空，即无时间生灭，自然无顿渐之意，自然"一悟至佛地"，此"一悟"不需要任何时间，实亦无顿，无顿之顿乃是真顿。这才是六祖顿悟法门的真意。神会所云龙女须臾发心成佛，剑斩众丝所合之绳等与六祖所说全不相应，只是旧传顿悟意的翻版，足见他对于六祖宗旨之无知，这正与他实践上的攻击北宗"法门是渐"

相应。

一般认为顿悟法门简捷明快,是卖贱了的天堂门票。其实这只是问题的一方面。真理本身具有简单性,六祖直示"自性是佛"之旨一扫自古以来的烦琐义学,清除了种种接引学人而实误人的障道因缘,将如来知见直接显现在众生面前。由此学道,自然得悟。以此发心,自然成佛,此法门自然是成佛的最简单、最直接、最快的方法。因此可以说顿教法门是最易的。从现实的方面而言,六祖法门简捷明快,而且并非必须文字知识作基础,因而一般的平民、不识字的劳动者,甚至哑巴等只要心神清楚的人都可以学,而且不识字者少了所知障,入道未必比识字者慢。因而六祖之法犹如大雨普润一切众生,为最广泛的学人,尤其是下层人民开辟了最广阔的、最可行的成佛之路。由此入净土及诸佛境界,不费心、不用力、不花钱,可以说是最便宜的"门票"。

然而从另一方面来说,顿教法门又是只有利根之人才能接受的最难的成佛之道。"自性是佛"直示了六祖境界和至此境界之法门,但识取自性又是最难的,因为自性离一切分别,亦非文字知解所能得,一般的人根本无法理解。因而成佛之道一方面近得没有距离,一方面又无限远,远得无路可通。渐修之道路虽然遥远难行,但总算可以除染布净,由迷到悟,还是有路可通,有法可行的,对钝根之人来说不失为现实易行的成佛之路。而顿教法门,悟则一念顿超,直入佛地;迷则万劫沉沦,永在轮回。识取自性,则当下成佛;不识自性,则永无悟日。因此这种无次第的顿门对钝根来说是很不适当而又最为难行的,因此六祖亦讲渐修,在传香忏悔门中就讲了戒、定、慧、解脱、解脱知见次第五分香引导学人,因为钝根之人毕竟占大多数,不能只为少数利根者着想。因此法门本身并无难易,由人利钝而生难易。

六祖深刻卓异的思想与其伟大超绝的人格是一致的。他出身贫寒,受过长期的艰苦生活的历练,又得五祖真传,创立了"自性是佛"的新思想，故有朴实、庄重、超迈的风格。六祖立身至大而又深得平等一味之旨，故其作风最为朴实。观六祖言行，无论半点虚饰，无论丝毫世态。对神秀及其法门，只是据实而言，无贬抑，亦无吹嘘。讲禅宗传承时又直言自己是三十三祖，不故作谦逊。六祖无论说法接引，都从正面讲起，无棒喝机锋，不标新立异，不故弄玄虚，总是直示本性，令学人自悟。他破除了一切对于佛、菩萨、经典及西方净土的迷信，也从不把自己摆在高不可攀的大导师的位置上，而是让学者回向识取自性，识取身中净土，依靠自力觉悟。六祖一方面不迷信佛和经典，一方面又不以谤佛悖经来哗众取宠，而是从经义中提取新思想，一方面是独特的新义，一方面又与经义相合。这些都体现了他的朴实作风。

六祖还改变了延续已久的秘传制度，公开讲述自己的新思想。代付一人的秘传制有利于保持传承的稳定，使之不至于断绝和发生混乱。但这种制度也有很大弊端，代付一人，其他人都成了庶出，因而可能发生争夺继承者的内哄。而且其他弟子所传法未必不如嫡传者所说，如此以传承定高下也不公平。六祖知此弊端，故不再传衣，也不指定传法弟子，让诸弟子通过自己的努力来显示各人、各派的佛学水平，避免了不必要的争端。同时他不再向某一弟子独传法要，而是公开向大众讲述自己的新思想，直示"自性是佛"是真意，使之得到最广泛的传播。这种公开性与其新思想是密切相关的。"自性是佛"直示了自性本心，此心不同于过去所言的离文字相、无法言说、难以把握的本觉之心，故六祖心法已非不可道路的密法，法即非密，传法方式自然不再是密传了。公开性非常有利于六祖思想的传播，当时曹溪听法者就有数千人，其后学弟子又都是公开说法，使其思想越传越广，影响越来越大，在中国思想史上占有非常重要的地位，而且其思想也具有超时代的意义，还有破除迷信和个人崇拜，弘扬个性与自主意识，树立自信、自立、自强的现代精神的作用，表现了永恒的、强大的生命力。

惠能的思想主要见于《坛经》，主旨依然是道信、弘忍等上代祖师以来的一心之旨，会通般若真空与如来藏妙有两大思想体系以说明此心，藉教悟宗，其注力较多的经典有《涅槃经》、《金刚经》、《维摩经》、《楞伽经》、《法华经》、《菩萨戒经》等，并非专宗一种经典。

惠能因闻《金刚经》而入道，故其早期（五祖授衣法以前）注重般若思想，从其传法偈可以知此。惠能偈云：菩提本无树，明镜亦非台。本来无一物，何处惹尘埃！此偈乃针对神秀偈而作，神秀偈云：身是菩提树，心如明镜台。时时勤拂拭，勿使惹尘埃。前文已述神秀偈乃依如来藏思想而述理行、体用、悟修之义，惠能偈则依般若思想而述染净俱空、无相无得之理。众生身心本来清净，而又无有净相，身心空寂，无相可得，故不见树台色相；万法皆如，物本涅槃，诸法性本空寂，一物不存，一法不立，何有尘埃染相！故染净俱不立，心境皆空寂，无证无修，此为真修真证。神秀以自体身心为净，外物客尘为染惠能则强调一切皆空，一法不立，不立净相，则勿须小心守护；不立染相，则不必用心去除。故由此空寂体中，而有任运自在之意，不像神秀那样念念用心，拘泥执著。但惠能此时只知破相，不解显体，故五祖认为此偈"亦未见性"，不过较之神秀的执相起心还是高出一筹。

五祖见惠能利根自悟，堪任雕琢，便密传衣法，明示心要，此后惠能才真得大法，契悟最上乘一心之义。惠能始悟"一切万法，不离自性"，并呈会处云"何期自性本自清净，何期自性本不生灭，何期自性本自具足，何期自性本无动摇，何期自性能生万地"，得到了五祖的印可。那么惠能理解的自性是什么呢？其实即是指自心本性，本心之性，即是五祖所言"识自本心，见自本性"。后来惠能更立"自性是佛"作为自己禅法的中心，并云"我所说法不离自性"。由此惠能由前期的般若思想转入以般若真空显示如来藏自性妙有，以自性说明一心，使其思想进入成熟时期。

惠能的自性理论是受五祖的传授和启发而建立的，其意义非常巨大，标志着禅宗理论上的成熟和完善，并为后世由理到行准备了条件。禅宗以心传心，所传之心当然是智慧真心，慧可、道信称之为本心，弘忍、神秀称之为本真心、真心。但清净本心如何与当下自心联系起来呢，弘忍或称此心为本心、自心，强调此心非由外得，而是从生处心，但此心又不是我见妄心，不是情识人心，真心、妄心不可相混。为了解决这一问题，六祖便用自性说明此心，一方面表明是众生自有本有，非由外得；一方面表明是真净之性体，非是杂染外相。自心生起正见，便是自性本心，自心邪见炽盛，便是烦恼妄心。心悟即心成性，心迷性即是心。自心迷悟是问题的关键，染净在于迷悟，解脱流转亦在于迷悟，故智慧的开悟对于禅修具有决定性的作用。

六祖多次强调迷悟的意义和作用，如言"心迷法华转，心悟转法华"，"自性迷即是众生，自性觉即是佛"，"迷人渐修，悟人顿契"等，如此将一切染净诸法都归于一心，此心起用而生诸法，心迷则生染法，心悟则起净法，这是禅宗的根本思想。六祖认为，"一十八界，皆从自性起用，自性若邪，起十八邪；自性若正，起十八正"，神秀则云："自心起用有二种差别，云何为二？一者净心，二者染心……净心恒乐善因，染体常思恶业。"① 六祖以定慧为一心之体用，定是慧体，慧是定用，体是本体本性，是本，用是由本体派生之作用，是末，但二者恒常相即，相互决定，虽有体用本末之别，而不可以轻重论之。慧者无定，即成散乱知见，为世间干慧；定若无慧，即入死寂空定，便成无情。用无体不立，体无用不活；用离体则散乱，体离用则不显。前人多言由本生末，由体起用，故述从戒生定，由定发慧，六祖则为三学同归一心自性，并无次第之分，故反其道而言之，认为定慧一体无别，不惟从定可以发慧，而且从慧可以生定。心无智慧，

---

① 神秀《观心论》。

邪见炽盛，如何能入正定？心自开悟，一念不起，自然心常在定，无有出入。定本心定，长坐不卧，身止不动，只是身定外定，不是内定心定。因此须以用显体，由慧生定，藉教（智慧言教）悟宗（神定心宗），明心见性。

六祖这种染净在于迷悟的思想亦是继承上代而来，《杂心论》卷十一有"正解涅槃路，邪惑生死径"之语，慧可亦言"本迷摩尼为瓦砾，豁然自觉是真珠"，迷则摩尼是瓦砾，悟则瓦砾是真珠，三祖僧璨言"迷生寂乱，悟无好恶"，道信亦引智敏禅师训云"一解千从，一迷万惑"。六祖继承并发展了这一思想，指出定慧体用相生相即，并大大深化了对体用关系的认识。

六祖倡言自性是佛，标志着禅宗理论上的成熟。自性是佛是道信心即是佛理论的发展，六祖进一步证真之心，非离妄心之外别有真心，自心离念即是本心真心，自心分别则是妄心染心。如此就将本心真心与当下现实之人心结合起来，二者本来一心，一体非二，迷时则是人心，悟时则是佛心，心迷本心即是妄心，心悟妄心即是本心，心性本净，而有迷悟之用，若主开悟，自知本心，则见性成佛、顿成佛道。自性是佛义还继承并发展了慧可自度自修、自成佛道、精诚内发的思想，众生自性具足，无欠无缺，自心识取自性，则自成佛道。迷悟染净全在自心，他人无法替代，自知自见，自修自悟，方是解脱之路。

自性是佛，万法具足，故不须外求，任心即道。惠能发展了道信与僧璨任性自然、逍遥合道的思想，强调自性具足，自由自在，不用观心看净，不用持戒坐禅，扳依自性三宝即是持戒，自心不动即是禅定，故不断烦恼，不修佛法，染净俱不立，顿悟顿修，无有渐次。烦恼本无，无物可断；佛法本有，不用修证。但识自本心，见自本性，便可顿成佛道。见性之人，去来自由，任运即是，无须造作。

六祖禅法的思想价值和实际影响是众所周知的，然其根源在于何处呢？道信，弘忍等上代祖师的禅法因然为其根源之一，亦有人认为惠能禅多取法于《金刚经》，偏重般若。但根据惠能思想的理论结构和主要内容，可知其颇受《金刚三昧经》的影响。

惠能于大梵寺说法，明言"菩提般若之智，世人本自有之"，说明众生心性本觉，本性自有般若之智"这种本觉思想，源于《金刚三昧经》本觉本利之义。惠能唯言一觉本觉，常觉不停，如《金刚三昧经》，不像《起信论》那样更分一觉为本始二觉以及四觉。

惠能又云"我此法门，从上以来，先立无念为宗，无相为体，无住为本"，此无念，无相、无住即源于《金刚三昧经》，此经有无相法品、无生行品，又有无住菩萨，即述此理。所谓无念，其中念有两种意义，一方面指思虑、知见之念；一方面从前念、今念、后念的不同，又代表了前后相承的时间生灭关系，故念亦是一种时间单位。六祖所述无念则兼具这两种意义，故无念亦同无生。所谓无生，只是无始之义，并不意味着住止不动，时间是念念生灭，刹那不住的，面对这种不断流动的时间，心亦应随不住，一念若住，念念即住，名系缚，"于诸法上，念念不住，即无缚也"。无念即"于念而无念"，一方面随顺时间的流注，不入死寂；一方面又心无执著，不于念上生心。惠能特别强调不可"百物不思"，对镜心不起，使心变成无情死心，这种无念是一种执著和系缚，入无记空。无念应当存念而不住念，不生分别妄念。无相为体，则除灭内外有无之相，显示真如本体；无念为宗，则消除三世生死这见，得入涅槃真宗，无相无念，则心无忘念，无妄念则显露本觉本利之心，本觉本利即是本心，既不住相，又不住念，一切不住，显发真本，故无住为本。《金刚三昧经》倡言一切不住，不住无生，不住涅槃，即明此义。

惠能言"心平何劳持戒，行直何用修禅"，又反对执著坐禅，认为道由心悟，不在于坐。这一思想亦源于《金刚三昧经》，此经倡言不用持戒，不住坐禅，认为"戒性等空，持者迷倒"，"住于如理，三戒具足","不动不禅是无生禅","禅性离诸动,非染非所染,非法非影,离诸分别,本利义故。善男子;如是观定,乃名为禅"。六祖亦言"内见自性不动,名为禅"。故二者都是以自心不动、离诸分别为禅,反对形式上的坐禅。《金刚三昧经》还言受持是经者"心常在定,不失本心",六祖亦云见性之人"无不定时"。所谓反对执著坐禅,只是不住坐禅,并非反对坐禅,坐禅仍是修习的重要形式,但不是唯一的形式,这种形式必须与自心不劝不乱结合起来,若徒有形式,便成障道因缘。

六祖禅法得自《金刚三昧经》处甚多,如经云"无名之名,不无于名",六祖则直言"无名可名,名为自性",如此姑不尽述。六祖本人尽管依据现有材料未曾直述此经之名和文句,但其弟子玄策、神会确曾直接引用此经,玄策为六祖之大弟子,其智慧悟境在六祖门下是第一流的,永嘉玄觉、智隍等皆赖其开示引导而归于六祖门下,据《坛经》,玄策对智隍述六祖法要时云:"吾师所说,妙湛圆寂,体用如如,五阴本空,六尘非有,不出不入,不定不乱,禅性无住,离住禅寂,禅性无生,离生禅想,心如虚空,亦无虚空之量。"隍闻上言而有所悟,便至六祖处参问,并述玄策之言,六祖对此作了充分肯定,称"诚如所言"。玄策之言大义出自《金刚三昧经》,其中"禅性无住,离住禅寂,禅性无生,离生禅想"直引此经文句,只是现存本作"禅性无生,离生禅相,禅性无住,离住禅动"。元晓《金刚三昧经论》所引经文与现存本同,并释"离住禅动"云"有住著则是动"①。经典传本不同,文字稍异,亦不足怪,然考其文义,应以玄策所言为确。禅性本来无住,远离执著禅之系缚死寂,是念念不住、自在解脱的,"心不住法,道即通流",心若住法,即自生滞,名为自缚,因此住禅是滞留、死寂、不通流、无活力之禅,同乎无情,不能说是动。禅性无住,表明其自在通流、念念不滞,为自由自在灵

---

① 元晓:《金刚三昧经论》卷中,大正藏第34册,第976页。

活自如之义，与住禅之死寂、停滞相反，言住禅动，义正相违。禅性本来无生，言其清净寂灭、无生无灭，远离生灭虑知相，远离分别二见，"无有动静"，因此无有生禅之分别妄想。若以禅性有生，则有始终，有出入，则非常定大定，有生禅即是生灭、出入之动相，经云"如彼想禅定，是动非是禅"，有生禅则是有生灭出入之分别二见的妄想禅定。故前句言禅性自在通流，离死寂静相，后句言禅性清净寂灭，离妄想动相，禅门内传，自然无误，不同外家讹传。六祖对玄策之言予以首肯，充分表明了其对《金刚三昧经》的态度。

神会对《金刚经》情有独钟，甚至不惜篡改宗史，妄称禅宗自达摩始即以《金刚经》传宗。但他却以宣扬《金刚经》的名目，偷偷宣示《金刚三昧经》的义理：如答远法师问第四十八条末段即大段引用《金刚三昧经》；如言"解脱菩萨言：世尊，无生之心，有何取舍，任何法相？佛言：无生之心，不取不舍，住于不心，住于不法"，取自此经我相法品；又如："心王菩萨言：尊者，无生般若，于一切处无住，于一切处无利（经作'离'），心无住处，无处住心，无住无心，心无生住，心即无生。尊者，心无生行，不可思议"，"心王菩萨言，如无生行，性相空寂，无见无闻，无得无失，无言无说，无知无相，无取无舍，云何取说（经作'证'）若证者，即是净伦，无净无论，乃无生行"，"千思万虑，不益道理，（注：此有脱文），则无生灭，如实不起，诸识安寂，流注不生，得法眼净，是谓大乘"①。以上三段中前两段引自此经无生行品，后一段引自无相法品。这些文句与现存经本文字基本一致，但亦有个别字不同，有些是属于传抄之误，故有脱文，有些则是传本不同，可以与原文对照研究。

神会引用《金刚三昧经》却不述其名，而其弟子摩诃衍则在与莲华戒辩论时公开引用此经作为自己的依据。受南宗影响的《历代法

---

① 石峻等：《中国佛教思想资料选编》第二卷第四册，中华书局，1983年，第98至99页。

宝记》亦将此列入卷首，作为宗依。由此可知六祖门下是颇为重视此经的，并且有自己的传本，与传到朝鲜的本子稍有不同。这表明六祖之时禅宗已经公开宣示此经，使之从密传法要转为普示之法。

后 记

断断续续，前前后后，从最初答应下来，到今天完成，竟然过了一年有余。这是当初我没有想到，也是今天不愿意看到的结果。原以为自己对《坛经》比较熟悉，依照以往的速度，很快就能完成，谁料如今费了九牛二虎之力，才勉强完稿。

这一年中，我不得不将大部分精力放到了博士论文的修改增补上，因为这是上一年的任务，实在没有办法再拖了，由于最初的设想一变再变，篇幅一扩再扩，一次又一次地修改，工作量超过了预计的数倍，时间和精力的耗费同样如此，迫使我只能将其他的事往后推了。

或许是太累了，或许是别的缘故，我觉得自己的创造力一下子衰退了，本来译文半年前就完成了，好像工作量不算特别大的注释却拖到了现在。虽然目前这部书稿不能说令人满意，但我付出的精力和努力却实在不少，因为这是一个已经十分疲惫的人咬着牙完成的。

想起二十年前，一个充满了幻想和希望的青年来到郑州，进入郑州大学，开始了自己的哲学梦。虽然其后我很少再进入这个曾经记忆着我的青春的城市，但我一想到这里，心中就会有一种难言的感动。或许就是由于这种感动，我有两部著作在这里出版，一部是将由中州古籍出版社出版的本书，另一部是由河南人民出版社出版的《出入自在：王安石与佛禅》（2001年）。

这些年我一直以佛教研究为主，似乎更看重的是纯学术研究，发表过六十篇论文绝大部分都是纯学术的，然由于种种因缘，出版的著作除了博士论文《中土前期禅学思想研究》（台湾佛光出版社，2001年）和将由北京师范大学出版社出版的增订版《中土前期禅学思想史》，大多属于通俗学术读物，除前面提到的两部外，还有《轮回的流转》（北京语言大学出版社，2001年）和前些年的一部合著《智信勇》（中国青年出版社，1997年）等。我并非不重视通俗著作，因为不同层面的读者有不同的要求，一味艰深也未必真的高深。

近年来我除了在北京师范大学任教，还应邀担任教育部人文社会科学研究基地中国人民大学佛教与宗教学理论研究所兼职研究员、河北禅学研究所特约研究员、北京佛教文化研究所研究员。我的学术研究得到了上述单位特别是中国人民大学佛教研究所的鼎力支持。

感谢本书的责任编辑卢海山先生，他是一个值得我信赖的朋友，使我不忍拒绝，我却辜负了他的信赖，一再拖延，好在他是一个宽厚长者，能够体谅我的难处。

感谢纪华传博士，他为我提供了不少资料，给了我切实的帮助。

最后恳请读者指出书中的错误，我非常需要读者的支持和帮助。

徐文明
2003年9月8日

再版后记

风流云转,光阴荏苒,岁月的指针忽然被拨到了2007年。

这是一个特别的年头,我说的不是香港回归十周年,这一过于宣大的说法和我并没有多大关系。对我来说,它的意义在于是我大学毕业二十周年,也是我正式开始学习佛法二十周年。

就在二十年前,我离开了郑州大学,来到了向往而又陌生的京城,来到中国社会科学院研究生院,这是我人生的一次重大转折。中原的水土养育了我,成就了我不强壮却很健康、不漂亮倒也耐看的色身假相;佛法的智慧再造了我,成就了我不显赫却很坚实、不变易却也常新的法身慧命。

中原与佛教,是我生命的根,正是由于这一机缘,我一直心怀报恩意识。想起智者大师晚年历尽艰难,也要回到家乡报生地恩。我自己人微言轻,无以为报,只能通过自己在学问上的进取略表此意,因此我在河南出版过两本书,一本是由河南人民出版社出版的《出入自在:王安石与佛禅》,另一本则是本书。

王安石是中国历史上的大改革家,而他叱咤风云的舞台就在时为首都的开封,他与中原大地也有不解之缘。也恰在今年三月,此书由当代中国出版社再版,更名为《十一世纪的王安石:一个政治家的进退之路》,引起了一定的反响。

本书是我对《六祖坛经》的注释和白话翻译，正好也在今年改版。我与六祖深有因缘，我的硕士论文题目就是《六祖惠能的生平和思想》，博士论文《中土前期禅学思想史》中有关六祖的章节也是全书的核心内容。今年三月，我完成了由北京读书人文化有限公司策划的《坛经》讲座，亦已整理成书，将在八月由当代中国出版社出版。由我主讲的音像作品《和谐圆满的人生智慧：佛学》（东方音像电子出版社）也于今年初出版，其中第二部《中国佛学篇》中也有一集专讲《坛经》。

在我学习佛教的二十周年，在我与六祖结缘的二十周年，竟然有三部与六祖有关的作品出现，不知这是偶然的机缘，还是冥冥之中的定数，抑或是六祖的安排？

《坛经》的价值不需要再重复，这一部经，虽然人人心中皆有，却多数为外尘所蒙，不得显发。多读《坛经》，以外经引发内经，以文字开显真义，不仅是时代和国家的需要，也是每个人身心滋养所必需。此一部经，应当是家藏一本，人手一册，而且要时常翻阅，口念心行。希望大家不要只是把这段话当成本书的广告，只要是《坛经》，只要是正本，不管哪本，都可运用。顺便说一句，曹溪原本、德异本、流通本（宗宝本）都可以，敦煌本学者可看，普通读者用不着。

曹溪原本有两个，我最近发现另外一种版本更好，来不及改换了，不过对普通读者来说，并没有太大差别。将来我想综合各类版本，整理出一种最好的版本，但这只能是以后的事了。

这次改版，改正了原来的一些文字错误，内容上没有太大的改变。希望读者朋友继续支持，并且提出宝贵的意见。

人生无常，岁月苦短，我刚刚参加了大学毕业二十年的聚会，大部分同学都是过了二十年才再相见，虽然相见甚欢，可毕竟只有两天。二十年的分别与两天的相聚，一位同学给我的短信说得很清楚：

聚短离长，同窗情深。看到这句话，虽然我修习多年，力求不动心，也几乎潸然泪下。

  人生没有几个二十年，即使能活百年，在时间的长河中也只是白驹过隙。富贵不可久，恩爱岂长留。若不舍妄归真，留意正法，如何得免生死？但愿读者多读此经，彻见本源，脱轮回，离因果，得出世旨，成正等觉。

徐文明

2007 年 7 月 2 日